# 요한복음 새 큐티

나만의 성경책 4

하나님의 관점으로 성경 묵상하기

# 요한복음 새 큐티


**초판 1쇄 인쇄** 2022년 5월 20일
**초판 1쇄 발행** 2022년 5월 31일

**지 은 이** | 김완섭
**펴 낸 이** | 오복희

**펴 낸 곳** | 도서출판 개혁과회복
**등록번호** | 제2018-000044호
**등록일자** | 2018년 4월 12일
**주　　소** | 서울특별시 송파구 마천로 100 C동 402호(오금동)
**편 집 부** | 010-6214-1361
**관 리 부** | 010-8339-1192
**팩　　스** | 02-3402-1112
**이 메 일** | whdkfk9312@naver.com
**연 구 소** | Daum 카페(기독교신앙회복연구소)
**디 자 인** | 참디자인

**ISBN** 979-11-89787-35-6 (04230)
979-11-963786-7-7 (세트)





* 한 권 값 12,000원
* 잘못된 책은 교환하여 드립니다.

하나님의 관점으로 성경 묵상하기

나만의 성경책 4

# 요한복음 새큐티

김완섭 지음

도서출판
개혁과회복

# 머리말

하나님은 사람에게 말씀을 주셨습니다. 그런데 똑같은 말씀을 받아도 지식으로 받을 수도 있고 책에 있는 글로 받을 수도 있으며 하나님의 음성으로 받을 수도 있습니다. 또 하나님의 음성으로 받는다고 해도 그 말씀 중에 자기에게 유리한 말씀만을 받을 수도 있고 별로 듣고 싶지 않은 말씀까지 받을 수도 있습니다. 이 책은 바로 여기에서 출발합니다. 자신에게 유리하거나 즐거운 말씀만 아니라 오히려 불편한 말씀, 아무 관계없을 듯한 말씀, 징계하는 말씀까지 전부 내 귀에 말씀하시는 하나님의 음성으로 받자는 것입니다.

성경을 읽는 방법으로 대표적인 방법 두 가지가 있습니다. 성경통독과 말씀묵상인데, 성경통독은 산 전체를 보게 하고 말씀묵상은 나무 한 그루 한 그루를 보게 합니다. 다만 하나님의 말씀인 성경으로부터 더욱 효과적으로 하나님의 음성을 들을 수 있는 제3의 방법이 있는데, 그것은 성경반복읽기입니다. 앞서 이야기한 대로 통독이 산 전체를 보게 하고 묵상이 나무를 보게 한다면 성경반복읽기는 숲을 보게 한다고 할 수 있습니다.

통독을 통하여 성경의 전체 모습을 알고 묵상을 통하여 나무 한 그루 한 그루를 보게 한다면, 어쩌면 산속에서 방향을 잃을 수도 있습니다. 나무만 보기 때문입니다. 하지만 여러 가지 숲의 구조를 알게 되면 정확한 위치를 파악할 수 있고 어느 한 부분에만 몰입되는 것을 막을 수 있으며 내가 관심 있는 나무뿐 아니라 전체 모습을 정확하게 알 수 있게 되는 것입니다. 그렇게 되면 비로소 아무 걸림이 없이 하나님(의 말씀)과 대면할 수 있게 되는 것입니다.

물론 반복읽기 자체가 성도를 완벽하게 만들어주는 것은 아닙니다. 다만 가장 효과적으로 하나님과의 친밀한 관계를 만들 수 있는 기본훈련이 가능해지는 것입니다. 필요한 성경을 한 가지 택하여 여러 번 반복하여 읽으면서 은혜가 되는 구절과 도전의 내용을 메모해 두었다가 틈틈이 정리하면 그것은 훌륭한 '나만의 성경책'이 되는 것입니다. 이 '나만의 성경책'은 사람들마다 전부 다를 것입니다. 각자 가지고 있는 믿음과 처해 있는 환경이 전부 다르기 때문입니다.

이 책은 사복음서를 일곱 번 반복읽기 한 내용들로 구성되어 있습니다. 특별히 4주 동안 매스컴, 인터넷, SNS 등 모든 세상 소식을 끊어버린 채 하루 3~4시간씩 복음서를 읽고 1~2시간 동안 정리한 내용들입니다. 물론 누구나 이런 식으로 시간을 낼 수 있는 것은 아닙니다. 그러나 생활 속에서도 하루에 일정한 시간을 따로 떼어 이런 성경반복읽기를 행해본다면 이전까지와는 전혀 다른 은혜를 맛볼 수 있을 것입니다. 말씀이 살아서 움직이는 것을 느낄 수 있을 것입니다. 일곱 번 이상 반복해서 읽으면 더욱 완전한 말씀섭취가 가능해지리라 생각합니다.

이 책은 『나만의 성경책』 시리즈의 네 번째 책으로 기획되었습니다. 알다시피 제3권인 누가복음부터는 '새 큐티'라는 제목을 붙였습니다. 그래서 이 책의 제목은 『요한복음 새 큐티』가 되었습니다. 제가 묵상한 내용을 소개하면서 다함께 생각해볼 수 있는 다섯 가지 질문들을 덧붙였기 때문입니다.

무엇이 '새 큐티'이겠습니까? 물론 '성경반복읽기를 통한 묵상'이기 때문입니다. 큐티 또는 묵상이라고 불리어지는 방법 중에 가장 탁월한 방법이 바로 반복읽기를 통한 묵상이라는 사실을 알고 그렇게 한 것입니다. 왜 이것이 탁월한가는 이미 앞에서 언급한 바가 있습니다만, 성경을 일곱 번 이상 반복읽기를 하면 자신이 원하거나 은혜가 되는 말씀뿐 아니라 기대하지 못했던 깨달음까지 하나님께서 주시기 때문입니다. 반복해서 읽을수록 전혀 예상치 못한 말씀을 깨닫게 해 주십니다. 사실 이것이 바로 큐티를 하는 이유가 아니겠습니까?

성경반복읽기와 새 큐티를 함께 진행하면 말씀 속에 숨어있던 하나님의 마음을 느낄 수 있게 됩니다. 다른 큐티 교재로 묵상하는 것도 좋은 방법이겠지만, 이 책에서 권장하듯이 성경 한 가지를 선택해서 매일 일정한 분량을 읽으면서 받은 은혜를 메모하는 식으로 반복읽기를 해 나간다면 최상의 큐티가 될 수 있을 것입니다. 그것을 여러 번 반복한다면 하나님께서 주실 거의 모든 진리를 깨닫게 될 것입니다. 그것을 극대화하기 위해 바로 이 책이 필요해지는 것입니다.

이 책의 내용은 물론 저자가 반복읽기를 통해 받은 저자만의 깨달음입니다만, 스스로 행하는 큐티를 성장시키고 하나님과 더욱 친밀해지기 위해 이 책을 사용하여 묵상을 해나간다면 하나님의 말씀에 대한 시각이 완전히 달라질 수 있을 것이고 자신이 스스로 성장하는 모습이 눈에 보이게 될 것입니다.

그리스도인들과 교회가 세상의 비판을 받는 가장 큰 이유가 바로 하나님의 말씀이 왜곡되거나 충분하지 못하기 때문이라고 본다면 이 책은 충분하고 완전하며 본질적인 말씀의 깊이를 찾아들어가게 함으로써 참된 신앙인으로 세울 수 있는 아주 중요한 방편이 될 수 있을 것입니다. 아무쪼록 이 책이 성경을 대하는 방법과 마음가짐까지 개선하여 말씀의 본질과 생명력까지 회복하는 충분한 수단이 되기를 간절히 소원합니다.

# 차 례

# 요한과 요한복음

## 요한의 일생

사도 요한은 신약성경에서 가장 많이 등장하는 몇 사람들 중 한 사람이다. 그는 자신을 드러내지 않고 익명으로 '제자 중 한 사람'으로 표현하거나 '주께서 사랑하시는 제자'라는 말을 자주 하였다. 가장 유명한 일은 예수님의 어머니 마리아를 평생 섬겼다는 점일 것이다. 사도 요한은 순교하지 않았고, 사도들 중에서 가장 오랫동안 살면서 요한복음, 요한서신, 요한계시록을 기록하였다.

요한은 직업이 어부였지만 세례 요한의 제자들 중 한 사람일 정도로 메시아를 기다리던 신앙인이었다. 세례 요한의 말을 듣고 예수님을 따라간 두 사람 중 한 사람이었을 것이다. 이 때 처음으로 예수님과 만나서 함께 시간을 보낸다.

"예수께서 거니심을 보고 말하되 보라 하나님의 어린 양이로다 두 제

자가 그의 말을 듣고 예수를 따르거늘"(요 1:36-37)

그러다가 요한이 예수님을 메시아로 믿기 시작한 사건이 생기는데, 예수님이 베드로의 배에 올라가서 설교하신 후 깊은 데로 가서 그물을 내리라고 하셨을 때였다. 베드로가 말씀을 듣고 순종하여 그대로 순종했더니 고기가 너무 많이 잡혀 그물이 찢어질 정도가 되어 다른 배를 불러 함께 그물을 끌어올리게 된다. 이것을 보고 사람들이 두려워하자 예수님은 베드로에게 앞으로 사람을 취하게 될 것이라고 말씀해주신다.

"세베대의 아들로서 시몬의 동업자인 야고보와 요한도 놀랐음이라 예수께서 시몬에게 이르시되 무서워하지 말라 이제 후로는 네가 사람을 취하리라 하시니"(눅 5:10)

그리고 마침내 최초의 제자 네 사람을 부르시는데 아침에 그물을 씻고 있던 요한도 그 네 사람 중 한 명이다.

"조금 더 가시다가 세베대의 아들 야고보와 그 형제 요한을 보시니 그들도 배에 있어 그물을 깁는데 곧 부르시니 그 아버지 세베대를 품꾼들과 함께 배에 버려두고 예수를 따라가니라"(막 1:19-20)

요한의 원래 성격은 그의 형인 야고보와 함께 불같고 성급했던 것 같다. 예수님께서 두 형제에게 '우레의 아들들'이라는 별명까지 지어 주셨다.

"또 세베대의 아들 야고보와 야고보의 형제 요한이니 이 둘에게는 보아너게 곧 우레의 아들이란 이름을 더하셨으며"(막 3:17)

그들의 불같은 성격은 예수님께서 전하는 복음이 거부당했을 때의 반응에서 나타난다. 사마리아의 한 마을 사람들이 예수님과 일행을 거부하자 불로 확 쓸어버리자고 제안한다.

"제자 야고보와 요한이 이를 보고 이르되 주여 우리가 불을 명하여 하늘로부터 내려 저들을 멸하라 하기를 원하시나이까"(눅 9:54)

그뿐 아니라 요한은 편 가르기도 심했던 것 같다. 주의 이름으로 귀신을 쫓아내는 사람들을 금지시켰다. 다른 제자들은 다 가만히 있었지만 유독 요한만이 앞장서서 권한(?)을 행사했던 것 같다.

"요한이 예수께 여짜오되 선생님 우리를 따르지 않는 어떤 자가 주의 이름으로 귀신을 내쫓는 것을 우리가 보고 우리를 따르지 아니하므로

금하였나이다"(막 9:38)

게다가 욕심도 남달리 많았던 것 같다. 야고보와 요한 두 형제가 자기 어머니를 앞세워 벼슬을 구하는 장면이 나온다. 다른 복음서에는 두 사람이 직접 예수님께 청탁하는 것으로 나와 있다.

"그 때에 세베대의 아들의 어머니가 그 아들들을 데리고 예수께 와서 절하며 무엇을 구하니 예수께서 이르시되 무엇을 원하느냐 이르되 나의 이 두 아들을 주의 나라에서 하나는 주의 우편에, 하나는 주의 좌편에 앉게 명하소서"(마 20:20-21)

그런데 그렇게 된 데에는 예수님의 중용에도 일부 원인이 있지 않았을까? 회당장 야이로의 딸을 고치실 때에 세 사람만 데리고 들어가셨다.

"그 집에 이르러 베드로와 요한과 야고보와 아이의 부모 외에는 함께 들어가기를 허락하지 아니하시니라"(눅 8:51)

변화산에 올라가서 변형되신 모습을 보여주실 때에도 세 사람만 데리고 가셨다.

"엿새 후에 예수께서 베드로와 야고보와 그 형제 요한을 데리시고 따로 높은 산에 올라가셨더니 그들 앞에서 변형되사 그 얼굴이 해 같이 빛나며 옷이 빛과 같이 희어졌더라"(마 17:1-2)

뿐만 아니라 예수님은 유월절 음식을 준비할 때에도 베드로와 요한을 보내셨다.

"예수께서 베드로와 요한을 보내시며 이르시되 가서 우리를 위하여 유월절을 준비하여 우리로 먹게 하라"(눅 22:8)

그래서 요한은 자기 자신을 때때로 '사랑하시는 제자'라고 칭하였고 다른 제자들도 이 점을 인정했던 것 같다. 예수님을 배반할 자가 있다고 말씀하셨을 때 베드로가 요한에게 질문을 하는 모습이 나온다.

"예수의 제자 중 하나 곧 그가 사랑하시는 자가 예수의 품에 의지하여 누웠는지라 시몬 베드로가 머릿짓을 하여 말하되 말씀하신 자가 누구인지 말하라 하니"(요 13:23-24)

그리고 마침내 예수님께서 잡히시기 전 날 기도하러 가실 때에도 베드로와 요한 형제만 대동하신다.

"베드로와 야고보와 요한을 데리고 가실새 심히 놀라시며 슬퍼하사 말씀하시되 내 마음이 심히 고민하여 죽게 되었으니 너희는 여기 머물러 깨어 있으라 하시고"(막 14:33-34)

어떻게 보면 성격이 별로 안 좋은 요한을 그토록 사랑하시는 이유는 예수님의 십자가 현장에서 알 수 있을지도 모른다. 당시 예수님의 십자가 밑에는 예수님의 어머니를 비롯하여 몇몇 여인들이 지키고 있었는데 여기에 다른 제자들은 다 도망가 버렸고 오직 요한만이 지키고 있었던 것이다.

"예수께서 자기의 어머니와 사랑하시는 제자가 곁에 서 있는 것을 보시고 자기 어머니께 말씀하시되 여자여 보소서 아들이니이다 하시고 또 그 제자에게 이르시되 보라 네 어머니라 하신대 그 때부터 그 제자가 자기 집에 모시니라"(요 19:26-27)

이 사건은 대단한 사건으로, 베드로에게 양을 먹이라고 세 번이나 당부하신 것과 마찬가지로 요한에게는 육신의 어머니를 맡겼기 때문이다. 요한은 여기에서 참 하나님을 만나게 되고 사랑의 사도로 변신하게 되는 것이다. 예수님의 동생들도 있었고 십자가 밑에는 사도 요한 자신의 어머니도 함께 있었지만 예수님은 특별하게 요한에게 어머니를 맡겼던 것이다. 아마 요한은 '하나님의 뜻대로 행하는 사람이 내 어머니'라고 하셨던 예수님의 말씀(눅 8:21)을 기억했을 것이다. 욕심 많고 성격이 과격한 요한은 예수님의 사랑을 전부 받아들인 사람이었고, 예수님을 죽도록 사랑했던 베드로만큼이나 예수님을 진심으로 사랑하고 있었던 것이다. 결국 그의 형 야고보는 헤롯에게 순교했지만 요한은 가장 오랫동안 살면서 사랑의 사도의 몫을 잘 감당했던 것이다.

"요한의 형제 야고보를 칼로 죽이니"(행 12:2)

물론 그의 예수님 사랑은 예수님께서 부활하시고 무덤이 비어있을 때에도 베드로와 함께 달려가는 데에서 찾을 수 있다.

"그 때에야 무덤에 먼저 갔던 그 다른 제자(요한을 뜻함)도 들어가 보고 믿더라"(요 20:8)

예수님께서 부활승천하신 후에는 베드로와 함께 중심 역할을 감당하게 된다. 항상 베드로와 함께 움직이는 것을 보게 된다. 성령 강림하신 후 베드로의 오순절 설교에서 3,000명이나 회개하고 세례를 받은 직후부터 더욱 적극적으로 활동하게 된다. 미문의 앉은뱅이를 고친 것도 베드로와 함께 하루 세 번씩 기도하러 성전에 올라가다가 만난 사건이었다.

"그가 베드로와 요한이 성전에 들어가려 함을 보고 구걸하거늘"(행 3:3)

결국 이 일로 인하여 수많은 사람들이 몰려들어 솔로몬 행각에서 베드로가 설교하고 나서 믿은 사람들이 남자만 5,000명이 되었다.

"나은 사람이 베드로와 요한을 붙잡으니 모든 백성이 크게 놀라며 달려 나아가 솔로몬의 행각이라 불리우는 행각에 모이거늘"(행 3:11)
"말씀을 들은 사람 중에 믿는 자가 많으니 남자의 수가 약 오천이나 되었더라"(행 4:4)

이것이 빌미가 되어 제사장들과 장로들이 베드로와 요한을 심문하게 되는데 끝까지 굽히지 않고 마지막 선포 후 그곳에서 풀려나게 된다.

"베드로와 요한이 대답하여 이르되 하나님 앞에서 너희의 말을 듣는 것이 하나님의 말씀을 듣는 것보다 옳은가 판단하라"(행 4:19)

후에 빌립의 사라미아 전도 후에 세례를 받는 일이 일어나자 교회는 베드로와 요한을 파송하게 된다.

"예루살렘에 있는 사도들이 사마리아도 하나님의 말씀을 받았다 함을 듣고 베드로와 요한을 보내매"(행 8:14)

사도 바울이 갈라디아 교회에 보내는 편지 속에서도 요한의 위치가 잘 나온다.

"또 기둥 같이 여기는 야고보와 게바와 요한도 내게 주신 은혜를 알므로 나와 바나바에게 친교의 악수를 하였으니 우리는 이방인에게로, 그들은 할례자에게로 가게 하려 함이라"(갈 2:9)

아무튼 요한의 형 야고보는 기독교 최초의 순교자가 되었으나 동생 요한은 마지막까지 큰 희생을 치르는 사도가 된다. 그리고 마침내 요한계시록으로 그의 마지막 사명을 장식하게 되는 것이다.

"예수 그리스도의 계시라 이는 하나님이 그에게 주사 반드시 속히 일어날 일들을 그 종들에게 보이시려고 그의 천사를 그 종 요한에게 보내어 알게 하신 것이라"(계 1:1)

여기까지가 성경 속에서 찾을 수 있는 요한의 일생을 정리해 본 내용이다. 하지만 사도행전 초기의 몇몇 기록을 지나가면 요한이라는 이름은 사라지고 어디에서도 찾을 수 없게 된다. 오직 서기 90년 이후의 요한복음과 서신과 계시록의 성경으로만 남게 된다. 아마도 요한은 성경에서 사라진 기간 동안 예수님의 어머니 마리아를 봉양했을 것으로 추측할 수 있다. 마리아가 90세를 살았다고 하므로 요한이 그때까지 마리아를 봉양했을 것이라는 것이다. 마리아가 세상을 떠난 후에 요한은 자신에게 남겨진 사명을 감당했을 것이다.

요한은 말년에 에베소에서 성도들이 의자에 앉힌 채 강단에 올리면 "소자들아, 너희는 서로 사랑하라."는 말을 반복했다고 한다. 그래서 제자들과 교부들이 "사도께서는 왜 늘 같은 말만 반복하십니까?" 하고 물으면 "이것이 우리 주님의 교훈이다. 그리고 너희가 이것만 행하면 족한 것이다."라고 대답했다고 한다. 성격이 급하고 욕심이 많고 속이 좁은 요한이 아마도 40년 이상 마리아를 섬기면서 늘 예수님께서 하시던 말씀 곧 "보라. 네 어머니다."라는 말씀이 절절이 가슴을 울렸을 것 같다. 십자가에서 고통을 당하시면서 사람들을 사랑하시는 예수님의 그 음성을 요한이 어찌 잊을 수 있었겠는가?

사도 요한은 알다시피 사랑의 사도라는 별명을 가지게 되었다. '우레의 아들'에서 '사랑의 사도'로 변화된 것이다. 결국 우리도 사랑의 예수님을 깨닫고 따라가는 것이 최상의 신앙이 아니겠는가? 사랑이 빠지면 모든 것이 헛것이다. 예배도 찬양도 하나님을 사랑하는 마음으로 해야 하며 이웃을 돕는 일도 예수님의 사랑으로 해야 온전해질 수 있다.

## 요한복음에 대하여

요한복음은 흔히 독수리복음이라고 불린다. 교부시대부터 마태복음은 사자, 마가복음은 송아지, 누가복음은 사람, 요한복음은 독수리로 불리어왔다. 마태복음은 예수님을 왕으로, 마가복음은 종으로, 누가복음은 사람으로, 요한복음은 교회의 머리로 표현하고 있기 때문이다.

제4복음인 요한복음은 다른 세 개의 복음서와는 달리 완전히 다른 자료를 참조하였음을 나타내 보인다. 그래서 마태, 마가, 누가복음을 공관(共觀)복음이라고 하는 것이다. 요한복음에는 기적적인 사건이나 중요한 사실들을 상세하게 기록하고 있지는 않다. 그래서 예수님의 탄생이나 시험, 변화산이나 최후의 만찬이나 병 고침 등도 거의 나와 있지 않다. 다만 엄선된 7가지 이적들만 소개할 뿐이다. 주로 예수님의 말씀들을 많이 소개해 놓고 있다. 그 중에서도 예수님이 하나님의 아들이라는 점을 상당히 강조하고 있다.

이런 점으로 미루어볼 때 공관복음이 알려진 오랜 후에 당시 신학적인 입장을 따라 복음서를 보충하려는 의도로 기록되었음을 짐작할 수 있다. 그리하여 일찍부터 교부들의 글이나 여러 문서들에서 요한복음은 정경으로 인정을 받게 되었다. 이것은 요한복음의 저작연대나 요한복음의 저자문제에 있어서도 중요한 역할을 하게 된다. 많은 설이 있지만 전통적으로 사도 요한의 저작이라는 점이 가장 많은 지지를 받고 있다.

다른 복음서들도 비슷한 면이 있지만 특히 요한복음은 연대적으로 기록한 것이 아니라 뚜렷한 목적을 위해 기록했다는 것을 알 수 있는데, 그 기록 목적은 예수님께서 하나님의 아들 되심과 그리스도이심을 믿게 하고 영생을 얻게 하려는 것이다.

"오직 이것을 기록함은 너희로 예수께서 하나님의 아들 그리스도이심을 믿게 하려 함이요 또 너희로 믿고 그 이름을 힘입어 생명을 얻게 하려 함이니라"(요 20:31)

요한복음은 당시 에베소에 큰 도전이 되는 이단에 대한 반론으로 기록하여 정통신앙을 지키려는 의도도 있었다. 예수님의 인성을 부인하는 가현설이라든가 신성을 부정하는 에비온파가 득세하고 있었을 뿐 아니라 세례 요한을 그리스도로 아는 세력까지 있어서 몹시 혼란스러운 상황이었다. 거의 모든 신학의 초기상황과 마찬가지로 정통신앙을 지키려는 의도로 기록하였던 것이다.

기록된 연대가 공관복음서들과 20~30년 정도의 차이가 나는 만큼 그 시대 상황에 맞게 사건들을 기록하였는데, 공관복음은 주로 북부 갈릴리 지역의 행적을 기록하고 있다면 요한복음은 주로 유대지방의 전도를 중심으로 기록하고 있다. 한편 예수님께서 유월절을 지키시는 횟수가 공관복음에는 한 번밖에 없으나 요한복음에서는 세 번의 유월절을 지키신다. 우리가 예수님의 공생애를 3년 정도로 보는 이유도 요한복음에서 찾을 수 있는 것이다. 공관복음이 성도의 윤리 도덕적인 교훈을 많이 강조하지만 요한복음은 더 근본적인 신앙적인 문제에 치중한다.

이렇게 공관복음과 요한복음은 서로를 보완해주는 성경들로서 성령께서 4권의 복음서로 정경을 완성시켜 주시는 충분한 근거가 되는 것이다. 얼핏 생각하면 공관복음과 요한복음은 예수님에 대해 전혀 다른 입장을 보이는 것 같지만, 성도들은 다 같은 성령님의 감동으로 기록된 네 권의 복음서를 통하여 예수님을 더욱 완전하게 이해할 수 있게 되는 것이다.

요한복음
7독 반복읽기를 통하여
말씀의 광산에서 캐낸
107개의 보화

# 요한복음
# 새 큐티

# 1. 증언의 목적

**요한의 증언의 목적은 듣는 사람들이 예수님을 믿게 하려는 것이었다.**

(요 1:7) "그가 증언하러 왔으니 곧 빛에 대하여 증언하고 모든 사람이 자기로 말미암아 믿게 하려 함이라"

세례 요한의 증언은 들은 사람들이 예수님이 그리스도이심을 믿게 되면 가장 위대한 언어가 된다. 우리의 전도도 예수님이 그 사람에게 찾아오실 때까지 증언하는 것이다. 많은 사람들이 예수님을 믿게 되도록 수없이 증언하는 사람들이 그리스도인들이다. 우리는 불신자들에게 증언하기 때문에 더욱 끈기가 필요하다.

흔히 축복의 통로라는 말을 한다. 구약의 개념이다. 신약에서는 복음의 통로가 되어야 하고 예수님 마음의 통로가 되어야 하고 하나님 사랑의 통로가 되어야 한다. 나 한 사람 구원받고 문제 해결하고 하늘의 신령한 복과 땅의 기름진 복을 받으라고 예수님께서 십자가에 달리신 것이 아니다. 세례 요한의 사명과 신약 성도의 사명은 기본적으로 일치한다. 복음보다 더 큰 복이 어디에 있는가?

## 묵상과 적용

1. 나는 그리스도의 증인으로서의 삶에 얼마나 가까운 사람인가?

2. 내가 그리스도의 복음을 어떤 식으로든 증언한 때는 언제였는가?

3. 그리스도의 증인으로서의 삶을 살지 못하고 있는 결정적인 이유는 무엇이라고 생각하는가?

4. 말로 증인이 되지 못한다면 행동이나 삶을 통하여 얼마나 그리스도인의 모습을 보여주고 있는가?

5. 예수님의 제자답게 사는 데 있어서 나에게 가장 우선적으로 필요한 것은 무엇인가?

## 2. 참된 이익

**바리새인들의 또 다른 특징은 철저하게 자기 이익적이라는 것이다.**

(요 1:24) "그들은 바리새인들이 보낸 자라"

바리새인들은 세례 요한 때부터 선지자에 대해 경계하고 있었다. 그들의 권익옹호와 기득권 수호를 위해. 자기 권익을 생각하지 말고 기득권을 가지려고 하지 말자. 사실 자기 이익적이라는 말은 나쁜 말은 아니다. 자신에게 생길 유익을 생각하지 않을 사람은 없다. 다만 그 유익이라는 뜻이 사람마다 전부 다른 것일 뿐이다. 일반적으로 사람들은 당장 눈앞에 펼쳐지는 이익을 바라고 그리로 달려가게 된다. 이것은 육신적이요 세상적이요 마귀적이다.

그리스도인들도 자기 이익적이어야 한다. 다만 그 이익이 영원한 이익이 되어야 한다는 것일 뿐이다. 정말 영원한 천국을 소망하는 사람이라면 그런 면에서 자기 이익적이 되어야 한다. 이 땅에서의 작은 이익보다 저 영원한 천국이라는 이익이 비교할 수 없을 만큼 크기 때문이다.

## 묵상과 적용

1. 신앙인이라고 하면서도 믿음보다는 현실적인 이익을 취하려는 이유는 무엇이겠는가?

2. 나는 이 세상의 이익을  쫓아가는가? 아니면 저 하늘의 영원한 이익을 쫓아가는가?

3. 혹시 교회에 헌금하면서 먼저 이 땅에서 더 큰 복을 받으려는 목적이 있는 것은 아닌가?

4. 교회에서 행해지는 모든 신앙의 모습들 중에 저 하늘이 아니라 세상으로 치우치는 것은 없겠는가?

5. 어떻게 세상적인 것이 마귀적인 것이 될 수 있는가? 바리새인들의 경우를 보라.

## 3. 하나님의 음성이 들릴 때

**하나님의 음성은 모든 조건이 사라졌을 때 또는 모든 것을 버리지 않으면 안 될 그 때에 정확하게 임한다.**

(요 1:33) "나도 그를 알지 못하였으나 나를 보내어 물로 세례를 베풀라 하신 그이가 나에게 말씀하시되 성령이 내려서 누구 위에든지 머무는 것을 보거든 그가 곧 성령으로 세례를 베푸는 이인 줄 알라 하셨기에"

(눅 3:2) "안나스와 가야바가 대제사장으로 있을 때에 하나님의 말씀이 빈들에서 사가랴의 아들 요한에게 임한지라"

빈들에서 세례 요한에게 하나님의 말씀이 임했는데 본문은 그 때 임하신 하나님의 말씀의 내용이다. 요단강에서 세례를 베풀라고 하시고 그 때 성령이 내려서 임하는 사람이 보이면 그 사람이 메시아인 줄 알라는 말씀이었다.

하나님의 말씀은 때가 되면 성취된다. 다만 그 때가 사람들의 허물로 말미암아 늦추어질 수는 있다. 출애굽의 이스라엘이 가나안까지 40년이나 걸린 것처럼. 다만 말씀이 들리면 그 말씀대로 시작해야 한다. 그래야 말씀이 성취된다. 세례 요한이 요단강에서 세례를 베푼 것처럼.

## 묵상과 적용

1. 세례 요한에게 말씀을 들려주신 것처럼 나에게도 하나님께서 말씀을 주신 적이 있었는가?

2. 이제까지 어떤 식으로든, 성경이든 음성이든 감동이든, 하나님의 말씀을 깨달은 적이 있었는가?

3. 하나님의 음성을 듣거나 깨달았을 때 나는 그 말씀대로 행하기 시작했는가?

4. 하나님의 음성을 깨닫고도 행하지 못한 적이 있었다면 그 이유는 무엇이었는가?

5. 나는 하나님의 마음, 하나님의 뜻을 어떻게 분별하고 있는가?

## 4. 하나님의 음성 분별

**세례 요한의 증언은 실제 체험에 근거한 확증이다. 직접 겪지 않고 이 같이 확언할 수는 없다.**

(요 1:34) "내가 보고 그가 하나님의 아들이심을 증언하였노라 하니라"

하나님, 예수님, 성령님이 함께하시는 삼위일체의 현상은 세례 요한의 증언을 통해 알려진 것이었다. 세례 요한의 위대함이 다시 느껴진다. 모든 사람이 세례 요한처럼 하나님을 직접 경험할 수는 없다. 하지만 간접적으로는 성도라면 누구나 하나님을 경험한다. 다만 요한의 위대성은 그 음성을 직접 듣고 성령의 모습을 직접 보고 분별했다는 점이다.

성경의 모든 위인들은 어떤 방식으로 알았는지는 모르지만 하나님의 음성을 분별하였다. 그리고 확신을 가지고 사명을 감당하였다. 오늘날에는 하나님의 말씀인 성경을 통하여 분별해야 한다. 그것을 분별해내는 크기가 그 사람의 경건의 깊이이다. 현실의 자기 이익적인 모든 것을 내려놓고 말씀을 대할 때 그 음성이 들린다. 말씀은 깨닫는 대로 행할 때 살아 움직이게 되는 것이다.

## 묵상과 적용

1. 세례 요한처럼 직접 들은 것은 아니지만 나는 예수님이 하나님의 아들이심을 믿고 있는가?

2. 그러면 예수님을 하나님의 아들이라고 얼마만큼이나 증언하고 있는가?

3. 오늘날 하나님의 음성은 성경 말씀을 통하여 들려지게 되어 있다. 하나님의 음성인 성경을 어떤 식으로 대하고 있는가?

4. 나는 하나님의 음성을 분별하는 일에 얼마나 관심을 가지고 집중하고 있는가?

5. 성경을 자주 대하면서도 하나님의 음성을 분별하지 못하는 이유는 무엇이겠는가?

## 5. 와서 보라.

**'와서 보라'의 신앙으로 회복하는 것이 살아있는 기독교로 만들어줄 수 있다. 신앙실천회복이 그 방법이다.**

(요 1:39) "예수께서 이르시되 와서 보라 그러므로 그들이 가서 계신 데를 보고 그 날 함께 거하니 때가 열 시쯤 되었더라"

(요 1:46) "나다나엘이 이르되 나사렛에서 무슨 선한 것이 날 수 있느냐 빌립이 이르되 와서 보라 하니라"

예수님이 안드레에게, 빌립이 나다나엘에게 한 말은 "와서 보라."였다. 실제로 예수님을 만나서 알아보고 대화를 나누어보고 진리를 찾으라는 말이다. 우리의 삶의 현장도 비신자들에게 와서 보라고 말할 수 있어야 하는데 삶의 현장이 너무 어질러져 있어서 그렇게 못하고 있다.

대신 교회에 "와서 보라."는 말로 대체해왔지만 가치관이 확 달라진 젊은 사람들에게 교회가 보여줄 것이 별로 없다. 예수님의 삶의 원리를 따라가는 교회들이 될 수 있도록 바꾸는 수밖에 없다. 기독교는 유일한 진리이지 단순한 종교가 아니기 때문에 그래야 한다.

## 묵상과 적용

1. 나의 현재의 신앙생활은 비신자들에게 보고 믿으라고 할 정도가 되는가?

2. 그리스도인다운 삶의 모습을 갖추기 위해서 지금 나에게 가장 필요한 것은 무엇이겠는가?

3. 나의 현재의 신앙생활을 비신자들에게 보여준다면 어떤 모습을 자랑할 수 있겠는가? 혹시 축복인가?

4. 빌립의 말대로 예수님께 와서 본 나다나엘은 예수님의 어떤 모습을 보았겠는가?

5. 예수님의 생활 모습 중에서 내가 가장 닮고 본받고 싶은 것은 무엇인가?

# 6. 막다른 길

**마리아의 믿음은 생활현장의 필요를 예수님께서 채워주신다는 믿음이었다.**

(요 2:3) "포도주가 떨어진지라 예수의 어머니가 예수에게 이르되 저들에게 포도주가 없다 하니"

예수님은 이미 집에서 여러 차례 이적을 행하셨던 것 같다. 어머니 마리아는 예수님의 능력을 확신하고 있었다. 확신하면 행동하게 되어 있다. 아직까지 제자들이 예수님을 완전히 믿는 것은 아니었다. 그럴 때 어머니 마리아가 예수님의 능력을 이끌어낸 것이었다. 한계에 부딪칠 때 예수님은 거기에 계신다.

기본적으로는 사람들의 필요를 위해 능력을 보이신 것이었다. 물론 그것 때문에 제자들이 비로소 예수님을 믿을 수 있는 계기가 되었다(요 2:11). 비록 예수님께는 아직 공생애를 시작하실 때가 되지 않았지만(요 2:4), 잔칫집에 포도주가 떨어진다는 있을 수 없는 곤란함이 발생하여 예수님은 그 필요를 채워주신 것이었다.

## 묵상과 적용

1. 나는 기도할 때 기본적으로 어디에 와 있다는 마음으로 기도하는가?

2. 성경에 보면 모두가 막다른 골목 끝에 와 있을 때 응답받는 기도가 나온다. 나는 얼마나 간절하게 기도하는가?

3. 잔칫집에 포도주가 떨어진 것과 같은 상황을 만난 적이 있었는가? 하나님께 대한 믿음이 생겼는가?

4. 편한 길을 택하면 위기는 안 만나지만 하나님의 능력을 받을 수는 없다. 인본과 하나님 중 무엇을 택하는 편인가?

5. 나의 기도는 주로 물질적, 생활에 관한 것들인가? 아니면 하나님의 나라와 이웃을 위한 기도들인가?

## 7. 사람의 일과 하나님의 일

**사람의 일은 물을 채우는 일이고 하나님의 일은 포도주로 변화시키는 일이다.**

(요 2:7-10) "예수께서 그들에게 이르시되 항아리에 물을 채우라 하신즉 아귀까지 채우니 이제는 떠서 연회장에게 갖다 주라 하시매 갖다 주었더니 연회장은 물로 된 포도주를 맛보고도 어디서 났는지 알지 못하되 물 떠온 하인들은 알더라 연회장이 신랑을 불러 말하되 사람마다 먼저 좋은 포도주를 내고 취한 후에 낮은 것을 내거늘 그대는 지금까지 좋은 포도주를 두었도다 하니라"

항아리를 물로 채우는 것은 하인들의 일이고 채워진 물을 포도주로 바꾸는 것은 예수님의 일이다. 물로 만들어진 포도주로 섬기는 것도 하인들의 일이다. 하인들이 아무리 노력해도 그들이 포도주로 만들 수는 없다. 우리는 부지런히 물을 채워야 한다.

사랑으로, 수고로, 나눔으로, 희생으로 우리 삶의 현장을 채울 때에 주님께서 놀라운 기적을 베푸시고 많은 사람들을 하나님께로 인도하게 만드신다. 우리의 섬김으로 하나님께서 구원의 기적을 일으키신다. 사람의 일에 우선 최선을 다해야 한다.

## 묵상과 적용

1. 나는 처음부터 모든 것을 맡기는가? 내가 할 일을 다 하고 하나님을 기다리는가?

2. 사람의 일이란 곧 하나님의 말씀에 순종하는 것이다. 나는 하나님의 뜻을 깨달았을 때 얼마나 순종하는 편인가?

3. 이해되지 않지만 말씀대로 순종해본 적이 있는가? 그 결과는 어땠는가?

4. 내가 경험했던 하나님의 기적의 순간에 대해 이야기해보라. 어떨 때 기적이 나타났는가?

5. 용서, 사랑, 인내와 같은 심령적인 순종이 더 힘들다. 용서가 안 되지만 용서해본 적이 있는가? 어땠는가?

## 8. 점점 더 큰 섬김

**그리스도인의 섬김의 자세는 점점 좋고 크고 많아지게 하는 것이어야 한다.**

(요 2:10) "말하되 사람마다 먼저 좋은 포도주를 내고 취한 후에 낮은 것을 내거늘 그대는 지금까지 좋은 포도주를 두었도다 하니라"

기독교인의 마음에는 허식이 없어야 한다. 포도주를 비유로 하면 먼저 좋은 것으로 내놓고 나중에는 더 좋은 것으로 내놓는 것이다. 점점 커지고 점점 좋아지게 하는 것이 기독교여야 한다. 끝까지 같은 마음으로 섬기는 것이 중요하다. 그것이 바로 하나님께 대한 믿음이고 하나님께서 기뻐하시는 자세이다.

하나님의 일을 하다가 보면 점점 커지고 자라는 것이 아니라 하면 할수록 더 작아지고 어려워질 수 있다. 비록 하나님의 나라가 겨자씨 한 알이 나무로 자라는 것과 같은, 누룩이 반죽을 부풀리는 것처럼 팽창력이 있어야 함은 분명하지만, 이루어지는 과정에서는 희생의 제물과도 같은 헌신이 반드시 필요하다. 물론 교회 자체는 곤란을 겪을 수 있어도 교회가 세상에 주는 섬김과 희생은 점점 커지고 확대되어야 하는 것이다.

## 묵상과 적용

1. 교회에서 섬김의 일을 할 때 끝까지 감당하는 편인가? 아니면 중간에 포기하는 편인가?

2. 내가 교회에서 맡겨진 일을 감당할 때 점점 커지는 편인가? 아니면 점점 작아지는 편인가?

3. 외적으로 성장하는 것과 관계없이 나는 점점 더 열심히 섬기는가? 아니면 열심이 서서히 줄어드는 편인가?

4. 그러나 더 커지는 섬김은 하나님의 능력으로만 가능하다. 나는 얼마나 하나님의 능력을 의지하는가?

5. 내 속에 품고 있는 복음은 가장 핵심적인 섬김이다. 그 복음이 조금씩이라도 확장되고 있는가?

# 9. 체험과 깨달음

**신앙체험은 때가 되었을 때 살아있는 믿음의 기초가 된다.**

(요 2:22) "죽은 자 가운데서 살아나신 후에야 제자들이 이 말씀하신 것을 기억하고 성경과 예수께서 하신 말씀을 믿었더라"

믿음이란 깨달아 아는 것만 가지고는 안 되고 사실을 체험했을 때 확실하게 생기는 것이다. 한국교회를 살리는 길 중 하나는 체험적 제자훈련이다. 만약에 제자들이 예수님의 성전청결을 눈으로 보고, 성전을 허물면 예수님께서 단 사흘 만에 일으키리라는 말씀(요 2:19)을 듣지 않았다면 예수님께서 부활하신 후에도 그러려니 할 수 있을 것이다. 그러나 예수님의 육체의 부활과 함께 사전에 경험했던 말씀들로 인하여 완벽한 확신으로 다가올 수 있었던 것이다.

말씀의 체험은 육체의 체험훈련에서 더욱 확신을 얻을 수 있고 그런 체험 이후의 말씀은 살아서 움직이는 말씀이 되고 그 말씀이 곧 하나님이 되는 것이다. 말씀이 곧 하나님이 되는 일은 체험을 통하여 더욱 극대화될 수 있는 것이다. 그런데 체험은 순종으로부터 나온다.

## 묵상과 적용

1. 나에게 가장 큰 영향을 미친 신앙체험은 무엇인가?

2. 내가 경험한 후에야 비로소 말씀이 이해가 된 적이 있었다면 언제, 어떤 내용인가?

3. 남들은 경험하지 못한, 나만의 독특한 체험이 있는가?

4. 체험한 말씀과 그렇지 못한 말씀 사이에는 얼마나 큰 차이가 있었는가?

5. 체험하기 전에 오해하거나 정확하게 알지 못했던 말씀이 있는가?

# 10. 하나님의 인정

**하나님의 인정은 사람이 받을 수 있는 최고의 가치이므로 하나님의 인정에 초점을 맞추어야 한다.**

(요 2:25) "또 사람에 대하여 누구의 증언도 받으실 필요가 없었으니 이는 그가 친히 사람의 속에 있는 것을 아셨음이니라"

우리도 굳이 누구의 증언이나 인정을 받아야 하는 것은 아니다. 우리는 하나님의 증언만 있으면 흔들리지 않고 승리할 수 있다. 칭찬이든 비난이든 다른 사람의 증언에 흔들리지 말자. 그렇다고 착각하지도 말자. 나 혼자 잘 난 줄 아는 것은 이웃과의 관계에 대한 하나님의 뜻을 저버리는 일이다.

물론 쉬운 일은 아니다. 하지만 하나님께서 인정하신다면 누구의 증언이나 증거도 필요가 없다는 사실을 확신한다면 사람의 말에 흔들리지 않을 수 있을 것이다. 물론 거기에는 말씀이 살아있어야 한다는 전제가 필요하다. 말씀이 살아있지 않으면 말씀이 하나님 되심을 믿을 수 없고, 말씀이 하나님이시라는 확신이 없으면 그 어떤 말씀도 그에게는 도움이 될 수 없다.

## 묵상과 적용

1. 나는 신앙인으로서 얼마만큼이나 하나님께서 인정하신다고 생각하는가?

2. 내가 하나님의 인정을 받을 수 있는 신앙의 장점은 무엇인가?

3. 만약에 하나님께서 싫어하실만한 점이 있다면 무엇이겠는가?

4. 하나님의 인정을 받기 어렵다면 그 이유는 무엇이겠는가?

5. 신앙적으로 가장 중점적으로 행하고 싶은 부분은 무엇인가?

# 11. 예수님 체험

**부활 및 재림신앙의 근원은 예수님과의 인격적인 경험이다.**

(요 3:12) "내가 땅의 일을 말하여도 너희가 믿지 아니하거든 하물며 하늘의 일을 말하면 어떻게 믿겠느냐"

영의 일은 땅의 언어로 아무리 설명해도 소용이 없다. 동정녀 탄생도, 육체의 부활도, 재림도 성령님의 체험이 있으면 믿게 된다. 사람은 자기 체험 이상을 말하지 못하고 성장하지 못한다. 누구도 자기 신앙이 최상이라고 말하지 못하는 이유이다. 나보다 높은 체험, 나와 다른 체험으로 사람들은 주님을 만나고 있다.

그래서 지금은 혼란스러운 세대이다. 아마 앞으로 더 심해지리라. 하늘의 일을 땅의 언어로 풀려니까 자기가 이해한 수준에서만 말하게 된다. 영적 신앙의 성장이 거의 불가능해진 이 시대에 깊은 경건을 이야기해도 그 언어를 알아듣는 사람은 더욱 사라져간다. 기독교는 소수의 종교여야 더 강해지고 더 영향력이 커지는 것 같다. 부흥보다는 내실이 더욱 필요해지는 시대이다.

## 묵상과 적용

1. 나는 예수님의 육체의 부활을 믿고 있는가? 어떤 근거를 가지고 있는가?

2. 나는 너무 자기중심적으로만 예수님을 이해하고 있는 것은 아닌가?

3. 예수님의 정신적인 명령, 용서, 사랑, 온유, 화평, 자비와 같은 진짜 말씀에 나는 얼마나 반응하는가?

4. 예수님 부활신앙이 현실에서 작동하지 못하는 이유는 무엇인가? 부활하신 예수님을 따라야 할 것이 아닌가?

5. 성공이나 번영을 위주로 생각한다면 다른 종교와 어떻게 다르겠는가?

## 12. 믿음과 행함은 같은 단어이다.

**믿음과 행위는 따로 떨어져서는 아무것도 아니다. 믿음이 행함으로 증명이 되고 행함에 믿음이 들어있는 것이다.**

> (요 3:16) "하나님이 세상을 이처럼 사랑하사 독생자를 주셨으니 이는 그를 믿는 자마다 멸망하지 않고 영생을 얻게 하려 하심이라"
> (요 3:21) "진리를 따르는 자는 빛으로 오나니 이는 그 행위가 하나님 안에서 행한 것임을 나타내려 함이라 하시니라"

요한복음에는 주로 '믿음'에 관한 말씀과 '관계'에 관한 말씀을 많이 주신다. 본문은 우리가 잘 아는 믿음에 관한 말씀이다. 믿기만 하면 멸망치 않고 영생을 얻게 하신다. 하지만 이 말씀을 보충하는 말씀이 21절에 나온다. 믿음의 행위는 하나님 안에서 행한 것이라고 하여 믿음이란 행위가 따라오게 되어 있음을 말씀하신다.

의무조항이 아니라 진실한 믿음을 가지면 행위가 나타나게 되어 있다는 말씀이다. 따라서 믿음구원이니 행위구원이니 하는 말들은 사실은 쓸데없는 소모전이다. 참 믿음에는 당연히 행함이 따라오게 되어 있다.

## 묵상과 적용

1. 나의 믿음과 행함에는 어떤 차이가 있는가? 현재 나의 믿음만으로 충분히 구원받는가?

2. 믿음과 행함이 같다는 말은 행함의 근거가 어디에 있어야 한다는 말인가? 자신인가 주님인가?

3. 바리새인들은 행함이 있었지만 책망 받은 이유는 무엇인가? (마 6:1)

4. 나의 행함의 목적과 초점은 어디에 맞추어져 있는가? 그 동기가 무엇인가?

5. 행함은 구원의 조건이 아니라 믿음의 조건이다. 행함이 없는 신앙고백만으로 구원받을 수 있는가?

## 13. 빛이 있어야 그림자가 생긴다.

**빛은 그 빛 속에 들어오는 사람에게는 구원이지만 그렇지 않은 사람에게는 지옥과도 같다. 천국은 사람들을 막지 않는다. 근원적인 빛을 비칠 뿐이다.**

(요 3:19) "그 정죄는 이것이니 곧 빛이 세상에 왔으되 사람들이 자기 행위가 악하므로 빛보다 어둠을 더 사랑한 것이니라"

참 빛이 왔음에도 불구하고 사람들이 받아들이지 않는 이유는 자기 행위가 어둠의 행위이므로 어둠을 더 사랑하여 빛으로 나오지 못하기 때문이다. 하나님의 일을 하는 사람은 하나님의 빛을 알고 그 빛 속에 거하게 된다. 빛 가운데 행함이 있어야 참 믿음을 소유하고 누릴 수 있다.

빛으로 나오지 못하는 것 자체가 정죄라고 한다. 어둠에 속한 사람들은 빛으로 나올 수가 없다. 천국에는 문이 없다. 누구라도 들어갈 수 있다. 하지만 아무나 들어가는 곳은 아니다. 천국 문지기가 막는 일은 없지만 어둠에 속한 사람은 들어갈 수가 없다. 어둠에 있는 것 자체가 지옥이 된다.

## 묵상과 적용

1. 사람들이 복음을 거부하는 근본적인 이유는 무엇인가? (요 3:19)

2. 오늘날 복음이 복음답지 못하게 된 것은 먼저 무엇을 제시하기 때문인가?

3. 일시적이라도 하나님이 귀찮아지거나 숨고 싶은 때가 있었는가? 그 이유는 무엇이었는가?

4. 말씀이 나에게 찔림이 되고 깨달음이 되지 못하고 있다면 나는 지금 하나님과 어떤 관계이겠는가?

5. 하나님의 심판(정죄)은 지금도 계속되고 있다. 지금 어떤 방식으로 심판하시는가? (요 3:19)

## 14. 참 믿음은 하나님께로 이끈다.

**하나님의 방법은 사탄의 방법과 확연하게 구분된다. 하나님의 방법은 방법이 없을 때가 많다.**

(요 3:21) "진리를 따르는 자는 빛으로 오나니 이는 그 행위가 하나님 안에서 행한 것임을 나타내려 함이라 하시니라"

진리를 따르는 자는 사람들이 다 볼 수 있게 행동한다. 그리고 그 목적은 하나님 안에서 행한 것임을 나타내기 위함이다. 하나님께서 일하시는 과정은 숨어서 하는 법이 없다. 목적이 아무리 정당해도 숨어서 속임수나 과장이나 비난이나 선동이나 그 어떤 술수를 쓴다면 그 사람은 하나님의 사람이 아니다. 만약에 그가 하나님의 사람이라면 일시적으로 사탄의 쓰임을 받고 있는 것이다.

그래서 나는 세상을 분별할 때 그 사람이 일하는 방식을 본다. 그 방식이 빛의 자녀다우면 그 사람이 혹시 잘못이 있더라도 비판하지 않는다. 그러나 아무리 화려하고 멋져도 어둠의 자녀의 방식으로 일하면 그는 결코 하나님의 자녀가 아니다. 하나님의 자녀는 죄를 지어도 깨닫는 대로 회개하고 시인한다. 다윗처럼.

## 묵상과 적용

1. 나는 하나님의 방식으로 일하는가, 사람의 방식으로 일하는가? 그것을 어떻게 구분할 수 있나?

2. 인간적으로 실력 있는 사람의 힘을 빌리려고 하는 것은 빛의 방식인가, 어둠의 방식인가?

3. 일을 성취할 수 있도록 여러 가지 수단과 방법을 찾는다면 그것은 하나님의 방식인가, 사람의 방식인가?

4. 내가 하나님의 방식으로 살아갈 때 사람들은 나에게서 무엇을 발견하겠는가?

5. 나는 하나님께 보이기 위해 일하는가, 사람에게 보이기 위해 일하는가?

## 15. 주를 위해 내가 망해야 한다.

**모든 사람들은 흥함 곧 성공을 추구하지만, 참된 그리스도인은 그리스도를 위하여 스스로 쇠하기를 바라는 사람이어야 한다.**

> (요 3:29-30) "신부를 취하는 자는 신랑이나 서서 신랑의 음성을 듣는 친구가 크게 기뻐하나니 나는 이러한 기쁨으로 충만하였노라 그는 흥하여야 하겠고 나는 쇠하여야 하리라 하니라"

신랑의 친구는 신랑이 칭찬 받고 인기 있고 행복한 모습을 보면 진정 기쁨이 넘칠 것이다. 신랑은 경쟁자가 아니라 주인공이기 때문이다. 예수님이 자기보다 더 흥하고 알려지게 되시는 것을 진심으로 기뻐하는 이의 모습이 신랑의 친구의 모습이고 우리의 진정한 영성이어야 한다.

주를 위하여 나보다 잘 하는 사람이 더 잘 되기를 진심으로 바라고 그렇게 되는 것을 기뻐하는 사람이라면 신랑 친구의 자격이 있다. 왜냐하면 그 사람은 신랑의 일을 하는 사람이기 때문이다. 물론 그렇게 쉬운 것은 아니다. 하지만 신앙인은 마지막 결정을 바르게 하는 사람이다. 온갖 과정을 거치면서도 바른 결정을 한다면 그는 더욱 위대한 사람이다.

## 묵상과 적용

1. 나는 나 자신을 사람들에게 내세우는 편인가, 뒤로 숨는 편인가?

2. 내세우지 않는다 할지라도 속마음은 어떤지 솔직하게 이야기해보자.

3. 주의 일을 위해 내가 뒤로 숨고 손해보고 망하는 길을 택한 적이 있는가?

4. 왜 나는 사람들이 나를 알아주기를 그토록 원하고 있는가?

5. 내가 망하고 주님의 일이 성취되는 데에서 기쁨을 느껴본 적이 있는가? 없었다면 그것을 느껴보아야 한다.

## 16. 전부인가, 전무인가?

**기독교 신앙은 어중간한 것은 없다. 순종 아니면 불순종, 천국 아니면 지옥이다.**

(요 3:36) "아들을 믿는 자에게는 영생이 있고 아들에게 순종하지 아니하는 자는 영생을 보지 못하고 도리어 하나님의 진노가 그 위에 머물러 있느니라"

믿는 자에게는 영생이요 불순종하는 자에게는 진노라고 하신다. 곧 믿는 것이 순종이라는 말씀이다. 행동이 나타나지 않는 믿음은 실체가 없거나 죽은 믿음이다. 물론 나무는 그 열매를 보고 아는 것이기에 열매가 열리기 전에는 무슨 나무인지 분간이 안 될 때도 많다. 그렇더라도 다른 열매를 맺는 일은 없다. 느려도 자기 열매를 맺는다. 순종의 열매는 천천히 열릴 수 있다.

또 겨울에는 나무가 살아있는지 죽었는지 분간이 안 될 때도 많다. 하지만 봄이 되면 살아있는 나무는 어김없이 푸른 싹을 틔운다. 순종이 이런 것이라는 말이다. 겉으로 보기에 순종하고 있는지 그렇지 않은지를 단번에 알 수 없을 때가 많다. 하지만 반드시 드러난다.

## 묵상과 적용

1. 나의 믿음은 살아있는가? 어떻게 그것을 알 수 있는가?

2. 극단적인 믿음을 말하는 것이 아니다. 작더라도 열매가 있는 것을 말한다. 나는 어떤 열매들을 맺히고 있는가?

3. 예수님은 나의 전부인가, 일부인가? 일부라면 살아있는 믿음이겠는가?

4. 믿음에는 과정이 반드시 필요하다. 내가 마치 죽은 믿음처럼 되었을 때가 있었는가? 어떻게 극복했는가?

5. 겉으로 드러나는 행동 자체가 아니다. 나는 얼마나 전심으로 하나님을 믿고 있는가?

# 17. 지키는 것으로 만족하지 말라.

**종교적 전통에 얽매이면 살아있는 신앙으로 들어갈 수 없다.**

> (요 4:20) "우리 조상들은 이 산에서 예배하였는데 당신들의 말은 예배할 곳이 예루살렘에 있다 하더이다"

사마리아도 예루살렘도 서로 자기들이 예배할 곳을 주장한다. 물론 예루살렘에 성전이 있다. 다만 예수님이 오심으로써 그 어디에서도 신령과 진정으로 예배할 수 있게 되었다. 모든 것은 예수님으로 통한다. 만약에 서로가 사마리아나 예루살렘에서만 예배를 드려야 한다고 주장한다면 그것은 단지 종교에 머물 뿐이다.

전통이 나쁜 것이 아니라 전통에 얽매이면 나쁜 것이다. 전통에 얽매이지 않으려면 전통이 생긴 기본 핵심으로 돌아가면 된다. 이것이 회복이요 개혁이다. 예수님은 언제나 율법의 핵심을 말씀하셨다. 오해하고 있는 것을 풀어주셨다. 그러나 이미 율법에 얽매여 있는 사람들에게는 공격이 될 뿐이었다. 하나님께서 제정하신 제사의 정신과 원리가 예배에 적용되어야 한다.

## 묵상과 적용

1. 모든 예배에 빠짐없이 참석하는 것으로 자랑을 삼을 수 있는가?

2. 나는 교회생활에 열심을 내는 사람으로서 혹시 열심을 내지 못하는 성도를 비판한 적이 없었는가?

3. 전통도 진리도 믿음이다. 전통은 지킴으로써 구원 얻는다고 생각하지만 진리는 무엇을 통해 구원에 이르게 되는가? (약 2:17)

4. 전통과 신앙이 극명하게 대비된 삶을 살았던 대표적인 사람들은 누구였는가? 그들은 구원을 받았는가? (마 23:15)

5. 특정한 장소에 재림 예수가 임한다는 이단들의 주장은 왜 비진리일 수밖에 없는가? 주님은 특정한 곳에 임하시는가?

# 18. 구원은 많은 사람의 작품이다.

**전도의 열매는 철저한 협력의식의 결과이다.**

(요 4:36) "거두는 자가 이미 삯도 받고 영생에 이르는 열매를 모으나니 이는 뿌리는 자와 거두는 자가 함께 즐거워하게 하려 함이라"
(요 4:38) "내가 너희로 노력하지 아니한 것을 거두러 보내었노니 다른 사람들은 노력하였고 너희는 그들이 노력한 것에 참여하였느니라"

전도는 뿌리는 자와 거두는 자가 동일한 기쁨을 얻는다. 하지만 거두는 사람들은 뿌리는 사람들에게 감사해야 한다. 우리는 거꾸로 생각하고 있다. 거두는 사람만 칭찬을 받고 유명해진다.

뿌리지 않으면 어떻게 거둘 수 있겠는가? 기르고 돌보지 않는데 어떻게 자랄 수 있겠는가? 뿌리려면 땅을 가꾸어야 하고 기르려면 물과 햇볕을 잘 조절해야 한다. 모두 큰 수고가 있어야만 가능하다. 물론 거두는 일도 마찬가지이다. 많은 수고를 해야 거둘 수 있다. 거두는 사람만 영광을 받는 것 같지만 하늘에서는 뿌리고 기른 사람이 더 영광을 받는다.

## 묵상과 적용

1. 나는 열심히 뿌리는데 열매가 없어서 실망할 때가 얼마나 자주 있었는가?

2. 전도를 아주 잘 하는 사람들에게 '전도 왕'과 같은 명칭을 부여하고 있다. 이들은 무엇을 잘 하는 사람들인가?

3. 전도 왕이란 사실상 교회 초청을 잘 한 사람인데, 더 진정한 전도는 무엇이어야 하겠는가? (무엇을 전파하는 것인가?)

4. 나는 전도할 때 무엇을 가장 먼저 염두에 두는가? 혹시 상급이나 자랑이나 부흥이 목표가 되는 것은 아닌가?

5. 우리는 교회예배참석을 열매라고 생각하지만 참된 열매는 무엇이어야 하는가?

## 19. 구원은 하나님의 작품이다.

**심음과 가꿈과 거둠은 하늘에서 동일한 상급으로 주어진다.**

(요 4:37) "그런즉 한 사람이 심고 다른 사람이 거둔다 하는 말이 옳도다"

전도는 협력공동체의식을 가지고 해야 한다. 잘 뿌리는(심는) 사람이 있고, 잘 가꾸는(섬기는) 사람이 있고, 잘 거두는(초청하는) 사람이 있다. 내가 결실을 거두지 못해도 계속 전도해야 하는 것은 이로 말미암아 하나님께서 언제인가 거두는 사람을 통하여 거두게 하시기 때문이다.

전도란 꼭 상을 받기 위해서 하는 것은 아니다. 물론 잘 거두는 사람은 상을 독차지할 것이다. 그러나 아무 공로도 인정받지 못하고 영혼추수에 대한 기쁨도 맛볼 수 없을지 몰라도 뿌리고 가꾼 사람은 영혼을 위해 아무도 모르게 수고한 사람들이다. 오직 하나님만 아신다. 공로가 사람들에게로 분산되지 않는다. 그러므로 더욱 귀한 상이 천국에서 기다리는 것이다. 거두는 사람도 늘 이전에 전도했던 사람들에 대한 감사의 마음을 깊이 가져야 한다.

## 묵상과 적용

1. 나는 복음의 씨를 뿌리는 것과 교회에 초청하는 것과 복음을 설명하고 섬기는 것 중에서 무엇을 더 잘 할 수 있는가?

2. 눈에 보이지 않지만 전도가 열매로 맺혀지면 누구의 상급이 가장 크겠는가? 그런 것이 있겠는가?

3. 심든지 가꾸든지 거두든지 어떤 역할을 맡든지 하나님은 어떤 사람에게 가장 큰 상을 주시겠는가?

4. 전도를 어떤 식으로 하든지 나는 이웃 영혼들을 얼마나 사랑하고 그들의 구원을 위해 애쓰고 있는가?

5. 나는 전도할 때 예수님의 영혼사랑을 얼마나 느끼면서 행하고 있다고 생각하는가? 그렇지 못한 이유는 무엇인가?

## 20. 멸시받는 자가 더 클 수 있다.

**이 우물가의 여인은 사마리아 동네 사람들에게 예수님을 아주 훌륭하게 소개하였다.**

> (요 4:40-42) "사마리아인들이 예수께 와서 자기들과 함께 유하시기를 청하니 거기서 이틀을 유하시매 예수의 말씀으로 말미암아 믿는 자가 더욱 많아 그 여자에게 말하되 이제 우리가 믿는 것은 네 말로 인함이 아니니 이는 우리가 친히 듣고 그가 참으로 세상의 구주신 줄 앎이라 하였더라"

이제 사마리아 동네 사람들과 남편을 다섯이나 바꾼 죄 많은 이 여인이 서로 소통하게 되었다. 동네 사람들의 눈을 피해서 뜨거운 한낮에 물을 길으러 왔던 여인이었지만 이제는 동네 사람들과 함께 한다. 복음의 힘은 모든 사람을 통하게 하고 죄인된 여자도 일원으로 받아들이게 만든다.

어떤 면에서 복음의 능력은 주님을 얼마나 강하게 만났느냐에 따라 달라질 수도 있다. 우리가 사람을 쉽게 평가하지 말아야 하는 이유는 그 사람이 주의 일에 어떻게 쓰일지를 모르기 때문이다. 먼저 되었다고 자부심을 느낄 이유가 전혀 없다.

## 묵상과 적용

1. 나는 우물가의 여인처럼 사람들에게 효과적으로 예수님을 전할 때가 있었는가?

2. 내가 예수님을 더 적극적으로 전하지 못하는 이유는 무엇이라고 생각하는가?

3. 이 여인이 자기 입장을 잊어버리고 예수님을 정신없이 전한 것처럼 나는 예수님을 강하게 만나고 있는가?

4. 자신이 의롭다고 생각할수록 예수님은 약하게 느껴진다. 지금 나는 얼마나 교만한가?

5. 나는 거대하신 예수님 앞에 서 있다는 생각을 얼마나 자주 하고 있는가? 나는 얼마나 멸시받아야 할 자인가?

## 21. 절박함이 빠지면 맹물신앙이다.

**절박함의 힘은 마치 생명을 걸 때의 힘과 같다. 죽을지라도 가는 것이 능력이다.**

(요 5:7) "병자가 대답하되 주여 물이 움직일 때에 나를 못에 넣어 주는 사람이 없어 내가 가는 동안에 다른 사람이 먼저 내려가나이다"

38년 된 이 병자에게 있어서 가장 시급하고 절실한 소망은 물이 움직일 때 연못에 가장 처음으로 뛰어 들어가는 것이다. 그러나 마음대로 움직일 수가 없으므로 그 가능성은 제로이다. 간절함, 절박함이 반 체념으로 바뀔 때 하나님은 역사해 주신다. 그러나 소망을 버리면 아무것도 아닌 것이 된다.

매일같이 목숨을 걸 수는 없다. 다만 일생에 몇 번인가는 목숨을 거는 것과 같이 해야 할 때가 있는 법이다. 그 간절함이 클수록 하나님의 역사도 커진다. 아직까지 하나님을 만나지 못했다면 간절함의 결단 정도는 있어야 할 것이다. 모든 것을 전부 버릴 결단이 한 번쯤은 있어야 하지 않겠는가?

## 묵상과 적용

1. 삼십팔 년 된 이 환자의 소원은 단 한 번만이라도 어떤 것을 해보고 싶은 것이었는가?

2. 하지만 상식적으로 생각할 때 이 사람의 진짜 마지막 소원은 무엇이었겠는가?

3. 설사 병이 낫지 않더라도 최소한 어디까지는 꼭 해보면 좋겠다는 이 환자의 간절함을 나는 가지고 있는가?

4. 나는 모든 삶 가운데에서 얼마나 간절함을 가지고 신앙생활을 하고 있는가?

5. 내가 믿음의 간절함을 유지하지 못하는 가장 큰 이유는 무엇이라고 생각하는가?

## 22. 천국은 모두 성공하는 곳이다.

**세상은 내가 성공하면 누군가 손해를 보지만 천국은 다른 사람의 성공이 나의 성공이 되어야 한다.**

(요 5:7) "병자가 대답하되 주여 물이 움직일 때에 나를 못에 넣어 주는 사람이 없어 내가 가는 동안에 다른 사람이 먼저 내려가나이다"

여기에서는 구원도 경쟁으로 나타난다. 내가 먼저 내려가면 다른 사람은 못 내려가고, 다른 사람이 먼저 내려가면 내가 못 내려간다. 내가 성공하면 누군가는 내가 성공한 것만큼 손해 보도록 되어 있는 것이 세상이다. 경제도 마찬가지이다. 내가 부자가 되면 누군가는 가난하게 되는 것이 이 세상이다.

구원은 그런 것과는 전혀 다르다. 천국 커트라인이나 천국 수용인원이 정해져 있는 것도 아니다. 하지만 현실적으로 같은 동네에서 한 교회가 사람들을 많이 전도하면 다른 교회는 전도가 위축되어 성장이 이루어지지 않는다. 그래서 지역 안에서 성도가 교회를 옮기면 목사들 사이에 감정이 심하게 상한다. 이런 것을 지양할 수 있어야 한다. 그리고 다른 교회 입장도 서로서로 챙겨주어야 한다.

## 묵상과 적용

1. 나의 기도가 다른 사람의 복을 빼앗는 것이라는 생각을 해본 적은 없었는가?

2. 이 환자는 경쟁에 놓여있었지만 예수님으로 인하여 치유 받았다. 나는 세상의 이해관계에서 얼마나 자유로운가?

3. 내가 넉넉하게 사용하는 물질 중에 다른 사람의 몫이 있겠다는 생각을 해본 적은 없었는가?

4. 복음은 다른 사람에게 복이 되도록 하면 나에게는 더 큰 복이 된다는 것이다. 이 사실을 얼마나 인식하고 신앙생활을 하는가?

5. 혹시 전도해서 이웃 교회에 인도하고 싶다는 생각을 한 적은 없었는가? 그렇게 한다면 얼마나 큰 복이 되겠는가?

## 23. 율법이 구원을 방해할 수 있다.

**율법의 목적은 생명을 살리는 일이다. 그러나 율법의 색안경을 쓰면 살아 있는 생명도 해치게 된다.**

(요 5:11) "대답하되 나를 낫게 한 그가 자리를 들고 걸어가라 하더라 하니"

38년 된 병자는 안식일 율법이 아니라 예수님의 말씀에 순종하였다. 그냥 걸어가는 것이 아니라 자리를 들고 가라고 하셨다. 이것이 안식일을 범한 것이다. 율법의 테두리 밖에 있는 사람들이 얼마든지 있다. 너무 교회 테두리만을 고집하는 것은 잃어버린 사람들을 완전히 잃게 만드는 일이 될 수 있다.

기독교 신앙인이 주일 예배에 초점을 두는 것은 당연한 일이다. 그런데 너무 이것을 강조하면 성도의 마음에 상처가 될 수 있다. 작은 교회 목회자들에게는 공통적이지만 모든 기준을 주일예배에 맞추려는 경향이 있다. 길거리에서 성도들을 만나도 왜 주일날 안 나왔냐는 질문부터 하게 된다. 내가 그랬다. 그냥 주일예배와는 상관없이 있는 그대로 성도를 대해야 했는데 말이다.

## 묵상과 적용

1. 기독교 전통을 지키는 일은 중요하다. 나는 얼마나 이 전통을 중요시하고 있는가? 혹시 얽매여 있는 것은 아닌가?

2. 나는 전통이나 종교적 규례 때문에 오히려 구원을 훼방한 적은 없었는가?

3. 율법이나 규례는 생명을 담기 위한 그릇이다. 나는 너무 이 규례를 강조하고 생명을 무시하는 것은 아닌가?

4. 나는 내가 간직하고 있는 신학이나 신앙적 태도에 얼마나 경직되어 있는가? 이 환자처럼 말씀에 더 충실할 수는 없는가?

5. 율법이나 규례를 지키지만 거기에 지나치게 묶이지 않고 진리가 나를 자유하게 하려면 어떻게 해야 하겠는가?

## 24. 죄의 세포는 암세포와 같다.

**죄는 인생의 모든 순간마다 비집고 빠져나올 가능성이 있다.**

> (요 5:14) "그 후에 예수께서 성전에서 그 사람을 만나 이르시되 보라 네가 나았으니 더 심한 것이 생기지 않게 다시는 죄를 범하지 말라 하시니"

38년 된 병자의 질병의 원인은 죄였다. 병이 생기게 만든 직접적인 죄일 수도 있고 질병을 이겨내는 투병과정에서 생긴 죄일 수도 있을 것이다. 그러므로 죄를 이겨내는 과정, 사역의 과정 중에 또 다른 죄를 범치 않도록 조심해야 한다.

여기에서 나는 이 환자의 질병을 영적 질병으로 생각하고 싶다. 원망의 병, 교만의 병, 거짓의 병, 다툼이나 시기나 비판의 질병도 있다. 물론 이런 영적 질병들은 그 자체가 죄이기도 하다. 하지만 그것으로 인한 더 큰 중병은 자신이 영적으로 죽어가는 질병일 것이다. 그러니까 죄는 죄를 먹고 자라고 그 자라난 죄는 사망으로 이르게 하는 것이다. 죄는 다른 죄를 기하급수적으로 자라게 하는 특성이 있는 것이다.

## 묵상과 적용

1. 38년 동안 질병으로 사로잡고 있을 만한 죄에는 어떤 것이 있겠는가?

2. 나에게는 38년보다 더 뿌리 깊어서 아직도 버리지 못하고 반복되는 죄가 있는가?

3. 안식일에 자리를 들고 걸어간 것 때문에 병이 생긴 것이 아니다. 그러면 구약에서는 안식일을 범하면 왜 죽었겠는가?

4. 혹시 영적인 죄악 때문에 풀리지 않는 부분이 있다는 생각은 해본 적이 없는가? 있다면 어떤 죄이겠는가?

5. 예수님께서 이미 우리 죄를 위해 돌아가셨다. 해결하지 못한 죄 문제가 있다면 왜 예수님께 전부 내려놓지 못하는가?

## 25. 진리에 묻히면 종교가 된다.

**안식일에 관한 심각한 오해로 말미암아 예수님을 박해하기 시작한 것이었다. 참 심각하다.**

(요 5:16) "그러므로 안식일에 이러한 일을 행하신다 하여 유대인들이 예수를 박해하게 된지라"

안식일에 환자를 고치신 일 때문에 유대인들의 박해가 시작되었다. 그만큼 안식일 율법은 유대인들에게 생명과도 같은 것이었다. 하지만 거꾸로 생각하면 교회에서 가장 중요하게 생각하는 전통, 관습 등에 대해서 가장 오해가 클 수도 있다는 사실을 인식하고 있어야 할 것이다.

하지만 어떤 특정한 신학이 안식일과 같은 기능을 할 수도 있다. 위대한 신학자의 주장이 안식일의 테두리 안에 갇히게 할 수도 있다는 것이다. 시대와 상황에 따라 복음에 대한 입장이 조금씩 달라질 수는 있지만 그것 때문에 이단이니 삼단이니 하지 않으면 좋겠다. 예수님의 십자가 죽으심과 육체의 부활과 재림을 부정하지 않는 이상 다소 강조점이 다르더라도 한 형제일 것이다.

## 묵상과 적용

1. 예수님 당시의 안식일 규례와 같이 느껴지는 교회전통에는 어떤 것이 있겠는가?

2. 혹시 교회의 규례들을 잘 지키는 것으로 인하여 그렇지 못한 성도들을 비난한 적이 있었는가?

3. 그렇다면 안식일을 자꾸 범하시는 예수님을 박해하던 유대인들과 무엇이 다르겠는가?

4. 물론 교회의 각종 규례들은 지키는 것이 좋다. 그렇다면 그런 행동으로 믿음이 좋다고 할 수 있겠는가?

5. 자신에게 적용해야 할 규례들을 가지고 다른 사람을 정죄한다면 그 규례는 나에게 어떤 영향을 미치는가?

# 26. 예수님의 DNA를 회복하라.

**삼위일체는 아버지와 아들과 성령이 모든 일을 함께 알고 계시는 것이다.**

(요 5:19) "그러므로 예수께서 그들에게 이르시되 내가 진실로 진실로 너희에게 이르노니 아들이 아버지께서 하시는 일을 보지 않고는 아무 것도 스스로 할 수 없나니 아버지께서 행하시는 그것을 아들도 그와 같이 행하느니라"

이 말씀에 의하면 구약에 나타나는 수많은 이적들의 현장에는 예수님도 아버지 하나님과 함께 계셨다. 그래서 아버지께서 하시는 모든 일들을 보신 그대로 행하신 것이다. 그런데 왜 사람들은 예수님께서 하신 일을 본받는 것이 아니라 하지 않으신 일을 본받으려고 하는가?

하나님의 자녀들이라면 하나님의 유전자가 흐르게 되어 있다. 하나님의 일을 하려고 애쓸 것이고 하나님의 방식으로 일하게 될 것이다. 물론 세상과 자신의 육적인 욕심과 싸우려고 할 것이다. 그래서 예수님께서 일하신 목적과 일하신 방식을 따라가게 되어 있는 것이다.

## 묵상과 적용

1. 나는 그리스도인으로서 예수님의 뒤를 얼마나 따라가고 있다고 생각하는가?

2. 예수님과 전혀 닮지 않은 나의 모습에는 어떤 것이 있다고 생각하는가?

3. 그렇다면 예수님을 조금이라도 닮고 있는 부분에는 어떤 점이 있겠는가?

4. 예수님을 닮지 못한 모습의 가장 근본적인 원인은 어디에 있겠는가?

5. 예수님의 모습 중에서 가장 닮고 싶은 점은 무엇인가? 어떻게 해야 하겠는가?

## 27. 본 것 없이 행하지 못한다.

**신앙은 본 대로 따라하게 되어 있다. 현대 기독교에는 보여줄 일이 너무 적다. 부흥의 역사가 아니라 십자가에 죽는 것을 보여줄 수 있어야 한다.**

> (요 5:20) "아버지께서 아들을 사랑하사 자기가 행하시는 것을 다 아들에게 보이시고 또 그보다 더 큰 일을 보이사 너희로 놀랍게 여기게 하시리라"

예수님께서 하나님의 하신 일을 하신 것처럼 우리 제자들도 예수님께서 하신 일을 해야 한다. 현실에서 모델을 찾기 힘들면 성경에서 모델을 찾아서 보여주어야 한다.

성경을 보더라도 모든 기준은 예수님이어야 한다. 구약도 분명히 성경이지만 구약은 신약의 그림자이다. 우리는 기독교 즉 예수님을 믿는 것이지 유대교를 믿는 것은 아니다. 신약에 하나님께서 진멸전쟁을 명하신 적이 있던가? 그것은 영적으로 해석되어야 한다. 예수님께서 하신 일이라면 힘들어도 따라가야 한다. 그러나 예수님께서 하지 않으신 일은 아무리 사람들이 요구해도 하지 말아야 한다.

## 묵상과 적용

1. 나에게서 신앙의 후배들에게 보여줄 수 있다고 생각되는 신앙적 모델이 있다면 어떤 것인가?

2. 내가 신앙 후배들과 세상 사람들에게 보여주지 말았어야 할 모습이었다고 생각되는 것이 있는가?

3. 성공과 번영은 예수님께서 전혀 보여주지 않은 모습들이다. 그런데 나는 왜 그렇게 성공하려고 하게 되는가?

4. 나 자신과 성도들이 반드시 회복해야 할 신앙인의 참된 모습 한 가지를 들라면 어떤 것이 있는가?

5. 십자가상의 예수님을 생각한다면 내가 어떤 방향으로 가는 것이 예수님을 닮은 모습인가?

# 28. 심판자 예수님

**사람이 자기 마음대로 예수님을 생각하지만, 예수님은 최후의 심판자이시다.**

(요 5:22) "아버지께서 아무도 심판하지 아니하시고 심판을 다 아들에게 맡기셨으니"

마지막 날의 모든 심판은 예수님께서 하시는 것이다. 사랑의 예수님이시지만 심판 때에는 무서운 예수님이시다. 왜 이것을 생각하지 못할까? 아무리 잘못했어도 자신의 모습은 생각하지 않고 무조건 달라고 한다면 하나님은 오히려 징계하신다.

기독교 안에서 치유라는 용어가 사용된 지 오래 되었다. 치유는 피상담자의 입장에 동의하고 공감해주는 것으로부터 출발한다. 일반상담이라면 당연히 그래야 할 것이다. 현재 상태 이전의 일은 묻지도 따지지도 않기 때문에 치유의 효과도 클 것이다. 그러나 신앙 안으로 들어오면 모든 것은 죄와 연결된다. 죄 문제를 건드리지 않고 진정한 치유가 일어날 수 없다. 신앙 안에서의 치유는 하나님 중심적이어야 한다. 죄 문제를 예수님의 십자가에 올려놓아야 치유는 이루어지는 것이다.

## 묵상과 적용

1. 심판자 예수님을 상상해본 적이 있는가? 나는 왜 거기에서 예외라고 생각하는가?

2. 예수님의 심판의 기준을 어디에 두고 계시겠는가? 왜 주의 이름으로 사역을 열심히 하고도 배척당할 수 있다고 하는가?

3. 나는 예수님께서 원하시는 기도응답의 조건을 얼마나 채우고 있는가? 그것이 내 신앙의 현실적 수준이다.

4. 예수님의 눈으로 나 자신을 바라본다면 과연 나는 얼마나 예수님을 진정으로 사랑하고 있는가?

5. 왜 예수님은 죄인들과 세리들을 환영하고 지도자들을 배척하셨는가? 그 이유는 무엇이라고 생각하는가?

## 29. 영생과 부활

**예수님을 생명으로 섬기는 사람들은 생명의 부활로, 예수님을 무관하게 생각하는 사람들은 심판의 부활로 나온다.**

(요 5:24) "내가 진실로 진실로 너희에게 이르노니 내 말을 듣고 또 나 보내신 이를 믿는 자는 영생을 얻었고"

(요 5:29) "선한 일을 행한 자는 생명의 부활로, 악한 일을 행한 자는 심판의 부활로 나오리라"

여기에서도 믿음의 결론으로 행함을 말씀하신다. 믿는 일과 선한 일을 행하는 것을 동격으로 놓으셨다. 믿음에는 자연스럽게 행함이 따라오게 되어 있다. 하지만 그 믿음이 어떤 믿음인지는 우리가 알기 어렵고 주님만이 아신다. 그래서 구원은 주님과 일대 일의 관계에서 나오게 되어 있다. 아무튼 믿음은 따라가는 것이고 닮아가는 것이다.

다만 예수님을 혁명가 정도로 생각하는 사람에게는 심판의 부활이 기다릴 것이다. 예수님은 메시아이시며 그리스도이시다. 곧 하나님이시다. 그렇게 믿고 행하는 사람만이 생명의 부활로 나올 것이다. 예수님의 육체적 부활이 아니면 불가능한 이야기이다.

## 묵상과 적용

1. 영생과 부활의 조건은 무엇이라고 하시는가? (요 5:26)

2. 그렇다면 믿음이든 행함이든 그 속에 반드시 들어있어야 하는 것은 무엇인가?

3. 나는 참 생명을 가지고 나의 모든 신앙생활을 행하고 있는가? 종교적 행위와는 차이가 있다.

4. 신앙전통도 중요하다. 나는 내가 지키는 신앙전통 속에 예수님의 생명을 잃어버리지는 않았는가?

5. 선한 일이란 예수님의 마음으로 이웃을 사랑하는 모든 일이다. 혹시 내가 드러나고 예수님은 감추어지지 않으셨는가?

## 30. 믿음과 행함의 함수관계

**믿는 자란 그 믿음의 증거가 겉으로 드러나는 사람이다. 믿음의 증거가 없으면 구원을 확신할 수 없다.**

(요 5:24) "내가 진실로 진실로 너희에게 이르노니 내 말을 듣고 또 나 보내신 이를 믿는 자는 영생을 얻었고 심판에 이르지 아니하나니 사망에서 생명으로 옮겼느니라"

(요 5:29) "선한 일을 행한 자는 생명의 부활로, 악한 일을 행한 자는 심판의 부활로 나오리라"

예수님 말씀을 듣고 하나님을 '믿는 자'란 믿을 뿐만 아니라 선한 일을 '행한 자'를 말한다. 그래서 믿는 자는 곧 행한 자라는 공식이 성립된다. 믿음과 행함은 교집합도 합집합도 아니고 단일원이다.

행함이란 아무리 멋지게 헌신하고 섬겨도 믿음 없이도 얼마든지 가능하다. 따라서 무엇인가를 행한다고 해서 반드시 구원에 들어가는 것은 아닌 것이다. 대표적인 사람들이 바리새인들이다. 반면 믿음 있다고 말로 아무리 멋지게 설명해도 거기에 걸맞는 행위가 따라주지 않는다면 가짜일 수 있다. 많은 현대 크리스천들처럼.

## 묵상과 적용

1. 나는 믿음 없이 종교적 행동만을 가지고 믿음을 드러내려고 한 적은 없었는가?

2. 내가 믿음을 가지고 있지만 그것을 행동으로 표현하지 못했던 점은 무엇이었는가?

3. 믿음이라는 단어는 이미 행함을 전제하고 있다. 행함이 없는 믿음은 어떤 결과를 가져오겠는가? 영생을 얻겠는가?

4. 우리 시대에 믿음 없는 행함을 많이 보고 있다. 그들은 어떻게 되겠는가? 바리새인들을 참고하라.

5. 나에게 만약 현대적인 바리새인의 요소가 있다면 그것은 무엇이라고 생각하는가?

## 31. 관계를 알면 행함이 뒤따른다.

**기독교 신앙이란 좋은 관계를 말하는 것인데 관계를 생각하지 않고 혼자만을 생각할 때가 너무 많다.**

(요 5:26-27) "아버지께서 자기 속에 생명이 있음 같이 아들에게도 생명을 주어 그 속에 있게 하셨고 또 인자됨으로 말미암아 심판하는 권한을 주셨느니라"

요한복음은 관계에 대한 복음서이다. 예수님과 하나님, 예수님과 성도들의 관계에 대해서 자주 설명하시고 그 관계 속으로 들어올 것을 말씀하신다. 목자와 양의 비유, 포도나무와 가지의 비유, 친구 이야기 등이 있다.

그런데 요한복음에는 제자들이 세상에서 어떻게 살아야 하는지 등에 관한 교훈은 거의 없다. 하지만 관계를 잘 알고 철저한 신뢰 속에서 관계를 이루어나간다면 자연스럽게 예수님의 말씀을 따라 살아갈 수 있는 것이다. 아버지와 아들이 만들어낼 수 없는 관계인 것처럼 하나님과 자녀들도 자연스러운 관계가 이루어지면 모든 일은 자연스럽게 행해질 수 있다.

## 묵상과 적용

1. 관계는 마음을 아는 것이다. 나는 예수님의 마음을 얼마나 헤아리고 있다고 생각하는가?

2. 혹시 하나님의 마음은 생각하지 않고 비전과 목표를 향해 달려가는 것은 아닌가?

3. 교회 전통을 행할 때 그 속에 들어있는 예수님의 마음을 쏙 빼놓은 채 행하고 있는 것은 무엇이겠는가?

4. 기도와 말씀 등 하나님과의 관계 속에 너무 파묻히는 경우는 없겠는가?

5. 예수님은 왜 예배나 찬양, 기도에 집중하라고 하지 않으시는가? 오히려 '어떤' 관계에 집중하라고 말씀하시는가?

## 32. 삶이 죽음을 책임진다.

**삶에 대한 책임은 살아있을 때 지는 것이 아니라 죽어서 지게 된다.**

(요 5:29) "선한 일을 행한 자는 생명의 부활로, 악한 일을 행한 자는 심판의 부활로 나오리라"

죽은 자들의 운명은 이미 정해져있다. 선한 일이든 악한 일이든 모두 생전에 했던 일들로, 죽어서는 아무 것도 더하거나 빼거나 고치거나 취소할 수 없다. 한 순간 한 순간이 소중하다. 사람들이 믿음을 가지지 못하고 마음대로 사는 것은 살아있을 때에는 그 결과를 알 수 없기 때문일 것이다. 죽음 이후의 결과를 알고 믿는 사람들이 그리스도인들이고 사후의 세계를 믿지 않는 사람들은 심판의 대상일 뿐이다.

좋은 믿음은 그래서 반드시 필요한 것이다. 좋은 믿음이란 생명의 부활을 깊이 받아들이는 믿음이다. 반드시 믿음과 행함으로 갚아주신다는 사실을 굳게 믿는 것이다. 믿음이 약한 것은 생명의 부활을 모르거나 믿지 않는 것을 말하는 것이다. 사후의 심판이 있어야 인생은 공평한 것이다.

## 묵상과 적용

1. 지금 현재 내가 죽는다면 어떤 평가를 받을 수 있겠는가?

2. 나는 어떤 결정을 내릴 때 죽음 이후의 평가를 생각하고 판단하는 편인가?

3. 죽음 이후의 평가를 생각할 때 나 자신의 평가가 아니라 모든 것을 아시는 하나님의 평가라고 생각하고 결정하는가?

4. 혹시 나에게 생명의 부활에 걸림돌이 되는 것이 있다면 어떤 것이겠는가? 나는 정말로 생명을 소유하고 있는가?

5. 지금 돌이킬 수 있다면 어떤 것을 돌이키고 싶은가? 동일한 경우가 닥친다면 생명의 길로 갈 수 있겠는가?

## 33. 정말 메시아로 믿는가?

**예수님을 메시아, 곧 하나님으로 믿지 않는 것은 기독교가 아니라 전혀 다른 인간의 종교이다.**

> (요 5:33, 36, 39) "너희가 요한에게 사람을 보내매 요한이 진리에 대하여 증언하였느니라 … 내게는 요한의 증거보다 더 큰 증거가 있으니 아버지께서 내게 주사 이루게 하시는 역사 곧 내가 하는 그 역사가 아버지께서 나를 보내신 것을 나를 위하여 증언하는 것이요 … 너희가 성경에서 영생을 얻는 줄 생각하고 성경을 연구하거니와 이 성경이 곧 내게 대하여 증언하는 것이니라"
>
> (요 15:26-27) "내가 아버지께로부터 너희에게 보낼 보혜사 곧 아버지께로부터 나오시는 진리의 성령이 오실 때에 그가 나를 증언하실 것이요 너희도 처음부터 나와 함께 있었으므로 증언하느니라"

예수님께서 메시아이심을 증명하는 증언들이 많다. 세례 요한의 증언, 예수님이 행하신 일의 증언, 성경의 증언, 보혜사 성령님의 증언, 제자들의 증언들이 그것이다. 그렇다면 예수님에 관한 증언들을 믿지 않는 사람들에게는 분명한 책임이 따를 것이다. 못 들었다면 또 다른 원리가 적용되어야 하겠지만 이것을 들었던 사람들은 변명할 수 없게 될 것이다.

기독교는 두 말할 필요도 없이 예수님의 메시아 되심을 믿는 종교이다. 그러므로 이 사실을 믿지 않는다면 그것은 기독교가 아니다. 그런데 이 사실을 그대로 믿지 않으면서도 기독교라는 울타리 안에 있는 사람들이 있을 수 있다. 이것을 믿지 않는 사람들이 교회 밖에 비신자로 있으면 별로 문제 될 것이 없는데 믿지 않으면서도 교회 안에 있는 사람들은 이단이라고 할 수밖에 없다. 물론 대개는 이들을 이단이라고 하지는 않는다. 그러나 이단적인 신앙이라고 하지 않을 수는 없는 것이다.

타종교보다 이단이 위험한 것은 교회에 직접적인 손실을 가할 수 있기 때문이다. 그들은 자기도 모르게 복음을 침범하거나 자기들의 주장을 합리화하기 위하여 복음을 변질시키는 사람들이다. 기독교 역사에는 초기시대부터 이런 일들이 비일비재했었고 그것들과 싸우면서 기독교교리가 확립되어 왔다. 이제 말세가 가까워오면서 다시 그런 이단적인 사상들이 득세를 하고 있다. 이럴 때 제대로 믿는 사람들이 더욱 우리 믿음을 지켜내야 한다. 모든 국가적인 위기는 영적 싸움인 것이다.

## 묵상과 적용

1. 예수님을 구원자로 믿는다는 것은 거기에 모든 것을 맡기는 것이다. 나는 얼마나 주님께 삶을 맡기고 있는가?

2. 왜 기독교인이라고 하면서도 메시아 예수님과 전혀 관계없는 듯한 생활을 하고 있는가?

3. 교회에 출석하는 사람들 중에서 실제로 삶에서는 예수님을 메시아로 인정하지 않는 사람들이 얼마나 되겠는가?

4. 나는 예수님께 생명까지 걸 수 있는가?

5. 실제로는 예수님께 묻지 않고 내 마음대로 결정한 적이 있었다면 어떤 점이 었는가?

# 34. '서로 영광' 돌리기

**하나님의 영광보다 자기들의 영광을 공유하려는 자들은 하나님을 안 믿는 사람들이다.**

(요 5:44) "너희가 '서로 영광'을 취하고 유일하신 하나님께로부터 오는 영광은 구하지 아니하니 어찌 나를 믿을 수 있느냐"

많은 지도자들은 '서로 영광'을 취하려고만 하고 하나님으로부터 오는 영광을 구하려 하지 않는다. 어떤 성취에 대한 과도한 칭찬은 '서로 영광'이 될 수 있다. 번갈아가면서 서로 상을 주고받는 행위가 여기에 해당될 수 있을 것이다.

목회자들 사이에서 이 '서로 영광'의 모습들을 빈번하게 볼 수 있다. 권세 있고 명망 있는 세계에서도 '서로 영광'이 횡행할 수 있다. 그것은 영광을 공유함으로써 자기들만의 유익을 얻으려는 태도이다. 그 가운데 있으면서 '서로 영광'의 자리를 피하기는 사실상 불가능하다. 하나님의 일꾼들은 유별나 보이더라도 이 '서로 영광'의 자리에서 벗어나야 한다. 총회와 노회 자체가 그런 것은 아니지만 그런 기관에서 '서로 영광'은 자주 발견된다.

## 묵상과 적용

1. 서로 돌아가면서 차례로 여러 가지 상(표창장, 공로상 등)을 주고  받은 적이 있는가?

2. 지금 가지고 있는 상들 중에서 '서로 영광'에 해당되는 것은 어떤 상인가?

3. 사람에게서 받은 영광을 자랑하는 것은 예수님을 진정으로 믿는 믿음인가?

4. 사람들에게서 인정받지 못한다고 느낄 때 나는 어떻게 하나님께 영광 돌릴 수 있겠는가?

5. 나는 사람들의 인정보다는 하나님의 인정을 얼마만큼이나 더 구하는 편인가?

# 35. 물질축복은 이단이다.

**예수님을 따라온 진짜 이유가 떡 때문이라면, 떡이 해결되면 예수님을 떠난다는 말이다.**

(요 6:26) "예수께서 대답하여 이르시되 내가 진실로 진실로 너희에게 이르노니 너희가 나를 찾는 것은 표적을 본 까닭이 아니요 떡을 먹고 배부른 까닭이로다"

예수님을 믿는 사람들 중에는 표적을 보고 따라온 사람들이 많다. 하지만 그보다 훨씬 더 많은 사람들은 떡을 보고 따라온다. 오늘날로 하면 성공, 물질, 출세, 건강 등 세상에서 잘 되는 일을 위해 따라오는 것이다. 하지만 이제는 좀 그런 축복론에서 벗어나서 예수님을 따라가고 예수님 말씀대로 행하는 데에 초점을 맞추자.

초대교회가 예수님을 따라 말씀대로 행함으로써 세상을 정복한 것처럼. 자신의 유익 때문에 신앙생활을 한다면 그 유익이 사라지면 믿음도 떠날 수 있는 것이다. 물질 자체가 나쁜 것이 아니라 거기에 몰두하면 참된 복음에서 떠나게 되기 때문이다.

## 묵상과 적용

1. 내가 구하는 것들 중에서 물질이나 세속의 성공을 빼면 몇 %나 남겠는가?

2. 신앙생활 수십 년을 했는데도 여전히 물질, 성공, 축복을 부르짖는 이유는 무엇이겠는가?

3. 아무런 표적이나 증거가 없어도 내가 끝까지 신앙을 붙잡게 만드는 진정한 표적은 무엇인가?

4. 신앙생활을 열심히 하는데도 여전히 이 땅에서의 성공에 집중하고 있다면 그는 구원받은 사람인가?

5. 여전히 표적과 증거와 축복을 뒤쫓고 있는 사역자, 성도들에게 어떤 말씀이 필요하겠는가?

# 36. 예수님을 드러내라.

**하나님의 일은 예배당에서뿐 아니라 삶 속에서 하나님을 믿는 것이다.**

(요 6:29) "예수께서 대답하여 이르시되 하나님께서 보내신 이를 믿는 것이 하나님의 일이니라 하시니"

하나님의 일은 예수님을 이 땅에 내려 보내신 일이다. 그것이 이 세상을 향하신 하나님의 일이다. 우리는 이것을 잘 알고 그것을 세상에 끊임없이 알려야 한다. 말, 행동, 일, 사업, 교회, 직장 등 모든 삶을 통하여 메시아 예수님을 알게 하는 것이다. 그것이 하나님의 일이다. 전문사역자만 하나님의 일을 하는 것이 아니다. 그것은 일부일 뿐이고 사실상 대부분의 일은 성도들이 감당할 수 있어야 한다. 예수님이 그리스도이심을 알리는 것이 하나님의 일이니까.

그리고 그 하나님의 일의 대부분은 교회 밖에서 펼쳐진다. 그 하나님의 일은 어쩌면 교회와 전혀 상관이 없을 수도 있다. 삶에서 하나님의 일이 펼쳐질 때 바로 그곳이 교회가 되기 때문이다. 단, 반드시 예수 그리스도의 이름으로 행해야 한다. 자칫하면 자기 자랑이 될 뿐이기 때문이다.

## 묵상과 적용

1. 하나님께서 보내신 분을 믿는 것이 하나님의 일이다. 나는 그 믿음으로 예수님을 마음에 얼마나 받아들이는가?

2. 예수님을 믿는 것이 하나님의 일이라면 그 일은 예수님을 드러내는 것이다. 나는 얼마나 예수님을 드러내고 있는가?

3. 종교적 생활 이외의 삶 속에서 나는 어떤 방식으로 예수님을 드러내고 있는가?

4. 예수님을 믿는 것이 하나님의 일이라면 그것은 예수님을 따르는 것이다. 주님은 내가 얼마나 따르고 있다고 생각하실까?

5. 예수님을 믿는다고 하면서 왜 세상 사람들과 똑같은 모습으로 살까? 나는 세상과 얼마나 구별된 삶을 사는가?

# 37. 예수님의 부활소망

**부활의 소망은 신앙인들만 가지는 것이 아니라 예수님께서도 성도의 부활의 때를 기다리고 계신다.**

(요 6:39-40) "나를 보내신 이의 뜻은 내게 주신 자 중에 내가 하나도 잃어버리지 아니하고 마지막 날에 다시 살리는 이것이니라 내 아버지의 뜻은 아들을 보고 믿는 자마다 영생을 얻는 이것이니 마지막 날에 내가 이를 다시 살리리라 하시니라"

예수님의 마지막 일은 이 땅에서 마지막 날에 성도들을 다시 살리는 것이다. 아무리 좋은 일이 많이 있어도 마지막 날에 주께서 우리를 다시 살리지 않으시면 소용없다. 우리 인생의 마지막 승리는 부활하는 것이다. 우리는 부활의 소망으로 세상을 이겨야 한다. 그 소망이 바로 세상을 이기는 힘과 능력이다.

성도의 부활은 하나님의 뜻이자 예수님의 목적이다. 우리가 종말의 때를 기다리듯이 예수님도 그 때를 기다리실 것이다. 마지막에 우리를 살리셔야 하기 때문이다. 성도가 할 일은 혼란스러운 이 시절에 순수 신앙을 지키는 일이다.

## 묵상과 적용

1. 신앙적 삶이 어려울 때 나는 얼마나 부활소망에 기대고 있는가?

2. 혹시 이 땅의 어떤 보상을 기대하고 고난과 연단에 인내하는 것은 아닌가?

3. 예수님도 내가 인내하고 승리하여 부활될 때가 되기를 기다리고 계신다는 사실을 얼마나 느끼고 있었는가?

4. 부활을 실체적으로 믿지 못하면 예수님의 부활 소망을 이해할 수 없다. 육체적 부활을 믿는가?

5. 예수님을 보내신 목적은 나를 마지막에 살리시기 위함이다. 예수님의 마음에 나를 얼마나 맞추어야 하겠는가?

## 38. 아버지의 마음

**아버지의 뜻은 우리가 예수님을 믿고 구원받은 것이 아버지의 뜻이라는 사실을 아는 것이다.**

> (요 6:44) "나를 보내신 아버지께서 이끌지 아니하시면 아무도 내게 올 수 없으니 오는 그를 내가 마지막 날에 다시 살리리라"
> (요 6:65) "또 이르시되 그러므로 전에 너희에게 말하기를 내 아버지께서 오게 하여 주지 아니하시면 누구든지 내게 올 수 없다 하였노라 하시니라"

아버지의 뜻에 따라 아버지께서 구원하지 않으시면 아무도 예수님을 믿을 수 없다. 여기에서는 모든 주권이 하나님의 것이라는 사실을 강조하고 있다. 내 모든 삶과 일들을 하나님의 주권에 맡겨야 하는데 가만히 내 사역을 돌아보면 자꾸 내 주권으로 하려고 한 적이 많았던 것 같다.

하나님께서 우리에게 간절하게 원하시는 것은 우리가 밝히 깨닫는 것이다. 하나님은 이미 우리에게 결코 갚을 수 없는 은혜와 사랑을 베푸셨다. 그 사실을 모른다면 하나님의 자녀도 아니고 성도도 아니기 때문이다.

## 묵상과 적용

1. 나는 하나님의 은혜에 얼마나 사로잡혀 살고 있는가?

2. 하나님 아버지의 마음을 아는 것이 참 신앙의 본질일 것이다. 나는 하나님의 마음을 얼마나 이해하고 있는가?

3. 내가 예수님을 믿는 것 자체가 전부 하나님의 뜻이라면 하나님은 내게 무엇을 가장 크게 원하시겠는가?

4. 하나님의 마음을 이해하지 못하면 바리새주의가 될 뿐이다. 내게 있는 바리새주의를 이야기해보라.

5. 신앙이 성장한다는 것은 하나님의 마음을 더 깊이 이해하는 것이다. 나는 신앙이 얼마나 성장하고 있는가?

## 39. 예수님의 육체

**예수님의 살과 피는 예수님처럼 생각하고 예수님처럼 말하고 예수님처럼 행동하라는 말이다.**

(요 6:54-55) "내 살을 먹고 내 피를 마시는 자는 영생을 가졌고 마지막 날에 내가 그를 다시 살리리니 내 살은 참된 양식이요 내 피는 참된 음료로다"

예수님의 살을 먹고 피를 마신다는 표현은 예수님처럼 생각하고 느끼고 살라는 뜻이다. 그리고 날마다 먹고 마셔야 살 수 있듯이 날마다 예수님을 부둥켜안고 함께 생활해야 한다는 뜻이다. 단순히 성만찬 예식을 행함으로써 그 의미를 기념하라는 것이 아니다. 참다운 성만찬은 날마다 우리 삶 속에서 이루어져야 한다.

상징적이지만 우리가 예수님의 살과 피로 변화되는 것을 뜻한다면 예수님이 유일한 기준이어야 한다. 가치의 기준, 행동의 기준, 언어의 기준, 선택의 기준, 분별의 기준이 되어야 하는 것이다. 여기에 신앙인의 삶의 초점이 있는 것이다. 그 외에는 전부 별로 무의미한 이야기들일 뿐이다.

## 묵상과 적용

1. 나는 예수님의 육체(말, 행동, 삶)의 모습을 얼마나 따르고 있다고 생각하는가?

2. 예수님의 육체는 죽기 위해 존재했었다. 나는 결국 죽음으로 향하는데도 왜 죽기 위해 존재할 수 없는가?

3. 흔히 성찬을 어떤 상태라고 생각하지만 사실은 방향이다. 내가 성찬을 통하여 얻는 것은 상태인가 방향인가?

4. 성만찬은 예수님을 기념함과 동시에 예수님의 일생을 따르기 위한 것이다. 어떤 점에 가장 중점을 두고 따르는가?

5. 예수님의 몸은 최후의 승리를 위해 희생되셨다. 나는 최후의 승리를 위해 얼마나 희생하고 있는가?

# 40. 예수님의 몸이 되라.

**기독교 신앙은 예배당에서와 마찬가지로 생활 속에서도 주님과 함께 살아가는 것이다. 날마다 음식을 먹는 것처럼.**

(요 6:55-56) "내 살은 참된 양식이요 내 피는 참된 음료로다 내 살을 먹고 내 피를 마시는 자는 내 안에 거하고 나도 그의 안에 거하나니"

날마다 음식을 먹고 마시는 것처럼 예수님을 먹고 마셔야 한다. 예수님과 항상 먹고 마시고 뒹구는 삶이 정상적인 기독교 신앙인의 모습이다. 그런데 왜 잘 안 될까? 본문에 의하면 우리가 주님 안에 거하지 못하기 때문이다. 그러니까 주님도 우리 안에 거하지 못하시는 것이다. 성찬식을 매일 하면 가능해질까?

해답은 주의 말씀을 날마다 먹는 것이다. 주께서 우리 안에 거하신다는 말씀은 하나님의 말씀이 우리 안에 거한다는 말과 동의어이다. 물론 그 말씀은 나에게 살아있는 말씀이어야 한다. 그 말씀이 생생하게 육성처럼 들려야 한다. 그 의미를 체험적으로 느낄 수 있어야 한다. 성찬을 하더라도 단지 상징이나 기념으로만 생각한다면 은혜는 거기에서 그칠 것이다.

## 묵상과 적용

1. 나는 설교나 묵상을 통해서 얼마나 살아있는 말씀을 먹고 있는가?

2. 내가 예수님 안에 거한다는 것은 주님을 의지한다는 것이다. 실제로 얼마나 예수님을 깊이 의지하고 있는가?

3. 예수님께서 내 안에 거하신다는 것은 내가 예수님처럼 산다는 것이다. 내 안에 예수님은 얼마나 깊이 계시는가?

4. 주께서 내 안에 내가 주 안에 거한다면 이웃을 대할 때 어떤 마음으로 대할 수 있어야 하겠는가?

5. 이 모든 것이 말씀 속에서 살면 가능해진다. 나는 얼마나 말씀 속에서 살고 있는가?

# 41. 말씀의 인격

**구약의 제사는 손으로 만지는 구원이고, 성찬식은 눈으로 보는 구원이며, 말씀은 보이지 않는 영원한 구원이다.**

> (요 6:56-57) "내 살을 먹고 내 피를 마시는 자는 내 안에 거하고 나도 그의 안에 거하나니 살아 계신 아버지께서 나를 보내시매 내가 아버지로 말미암아 사는 것 같이 나를 먹는 그 사람도 나로 말미암아 살리라"
> (요 1:1-4) "태초에 말씀이 계시니라 이 말씀이 하나님과 함께 계셨으니 이 말씀은 곧 하나님이시니라 그가 태초에 하나님과 함께 계셨고 만물이 그로 말미암아 지은 바 되었으니 지은 것이 하나도 그가 없이는 된 것이 없느니라 그 안에 생명이 있었으니 이 생명은 사람들의 빛이라"

예수님은 참된 양식이요 참된 음료이다. 그러면 예수님의 살과 피는 무엇일까? 요한복음 1:1에 보면 태초에 말씀이 계시고 이 말씀이 하나님과 함께 계셨으며 그 말씀 안에 생명이 있다고 하셨다. 말씀이 예수님이고 생명이면 예수님의 살과 피는 말씀을 가리키는 것이다. 성찬식은 기념하고 은혜를 받으라는 것이고, 삶 가운데에서는 예수님의 말씀이 우리를 살리신다. 항상 예수님의 살과 피인 말씀을 붙잡고 말씀 속에서 살아야 한다.

그런데 우리는 적어도 일 주일에 한 번은 말씀을 듣는데 왜 말씀 속에서 살지 못할까? 대개는 한 주에 한 번이 아니라 오전 오후 두 번의 예배를 드리고 설교를 듣는다. 신앙생활에 열심인 사람은 새벽기도회를 통하여 또 말씀을 받고, 더 열심인 사람은 수요일과 금요일에도 말씀을 받는다. 그런데 왜 말씀 속에서 살지 못할까? 다른 말로 하면 왜 본질적인 신앙생활을 하지 못할까?

하나님의 말씀은 언제나 그대로이다. 그런데 어떤 사람은 큰 감동을 받고 삶에 깊은 영향을 끼치는 반면에 어떤 사람은 말씀을 듣고 알기는 아는데 말씀에 감동이 없고 말씀이 그 사람을 지배하지도 못한다. 한 마디로 말씀이 살아있지 못한 것이다. 그것은 성경을 자의적으로 해석하거나 자신에게 필요한 말씀만을 들으려고 하기 때문이다. 말씀을 자의적으로 받아들이는 것은 신앙체험이 없기 때문이고 듣고 싶은 말씀만 듣는 것은 말씀을 받는 방식이 잘못되어 있기 때문이다. 이 책에서처럼 필요한 성경 한 가지를 반복해서 읽는다면 대안이 될 수 있을 것이다.

## 묵상과 적용

1. 나는 말씀을 예수님의 인격으로 얼마나 받아들이고 있는가?

2. 말씀을 인격으로 받지 못하면 말씀의 힘을 경험할 수 없다. 나는 말씀을 얼마나 의지하고 있는가?

3. 살아있는 말씀으로 받지 못하는 이유 중의 하나는 자의적 해석이다. 나는 말씀을 얼마나 자의적으로 받아들이고 있는가?

4. 말씀을 자기중심적으로만 받으면 하나님의 마음을 느낄 수 없다. 나는 얼마나 나 중심적으로 말씀을 해석하고 있는가?

5. 말씀이 살아있으려면 말씀 그대로 행해보아야 한다. 말씀 그대로 순종했다가 말씀의 능력을 체험한 적이 있었는가?

## 42. 육적 높이와 영적 깊이

**세상에서 육적으로 높아지고 많아지고 넓어지는 것은 전혀 무익하지만 하나님의 말씀은 영이요 생명이다.**

(요 6:63) "살리는 것은 영이니 육은 무익하니라 내가 너희에게 이른 말은 영이요 생명이라"

예수님의 살을 먹고 피를 마실 때 주님 안에 거할 수 있다는 말씀은 영이며 생명의 말씀이다. 모든 것을 육적으로 해석하면 성경은 모순투성이지만 영으로 해석하면 전부 통하고 믿어진다. 우리는 영에 속한 사람으로서 영의 원리를 따라 세상을 거슬러 올라가는 사람들이다. 육적으로, 환경적으로 따지는 곳에는 영의 원리가 작동되지 않는다.

세상의 기복주의, 성공주의, 번영주의는 그리스도인의 영에는 전혀 유익을 줄 수 없다. 아니, 오히려 해악만 끼친다. 필요가 없다는 말이 아니라 물질을 지배해야 한다는 이야기이다. 육적으로 유익을 주면 영에는 거의 해롭고 영적으로 유익을 주면 육적으로는 거의 손해가 온다. 제자로서의 삶을 사는 데 불필요할 정도라면 이웃에 다 나누어야 한다.

## 묵상과 적용

1. 나는 지금 육적, 물질적 높이를 추구하는 편인가, 아니면 영적 깊이를 추구하는 편인가?

2. 세상적으로 높아질수록 영적으로는 깊어지기 힘든 이유는 무엇이겠는가?

3. 영인 말씀을 육으로 해석하면 어떤 일이 일어나겠는가? 나는 어떻게 해석하는 편인가?

4. 영이 생명인데 거꾸로 육을 생명으로 여기는 일이 많다. 결국 교회에 어떤 현상이 일어났는가?

5. 나는 생명이 아닌 육의 문제를 해결하기 위해 생명인 영(말씀)을 얼마나 의지하려고 하는가?

# 43. 진리이기 때문에

**곁에 사람이 있다고 해서 있는 것은 아니다. 사람들은 말 한 마디로 떠나갈 수 있다.**

(요 6:66) "그 때부터 그의 제자 중에서 많은 사람이 떠나가고 다시 그와 함께 다니지 아니하더라"

인자의 살과 인자의 피를 마셔야 한다는 말씀을 선포하신 이후로 수많은 제자들이 예수님을 떠나버렸다. 목회를 하면서 성도가 떠나버리는 것 자체로 실패했다고 생각하면 안 된다. 진리의 말씀에는 그것 때문에 오는 사람도 있고 똑같이 그것 때문에 가는 사람도 있는 것이다.

사실 오늘날 한국교회의 현실은 어쩌면 주와 함께 다니지 않는 그런 사람들이 떠난 것인지도 모른다. 진리이기 때문에 남아 있는 사람들이 있는 반면에 진리이기 때문에 떠나는 사람들도 있는 것이다. 물론 바람직한 현상은 아니고 염려하지 않는 것은 아니다. 그러나 지금은 다수를 추구할 때가 아니라 소수의 진실한 성도들을 추구해야 할 때이다. 주님께서 기뻐하시는 신앙으로 돌아가야 한다. 복음적인 신앙이 회복되어야 하는 것이다.

## 묵상과 적용

1. 주변에서 내가 진리를 행하기 때문에 떠난 사람이 있었는지 이야기해보라.

2. 진리만을 가감 없이 선포할 때 나를 떠날 사람들이 얼마나 존재하겠는가?

3. 반면에 진리만을 그대로 선포할 때 오히려 더 남아있을 사람들은 있겠는가?

4. 나는 진리(믿음) 때문에 온갖 박해를 받아도 틀림없이 끝까지 견디고 승리하겠는가?

5. 박해를 받으면 진리가 있음에도 믿음을 떠날 사람들이 주변에 얼마나 있겠는가?

# 44. 세상이 악하다고 증언하라.

**세상도 악하고 교회도 그 악을 따라가니 세상을 악하다고 증언할 수도 없고 증언해도 들리지 않는다.**

(요 7:7) "세상이 너희를 미워하지 아니하되 나를 미워하나니 이는 내가 세상의 일들을 악하다고 증언함이라"

교회가 살아나면 기독교가 세상을 살기 좋고 행복하게 해줄 것이라고 생각하는데, 예수님은 오히려 세상이 제자들을 미워하고 주님을 미워하게 된다고 말씀하신다. 왜냐하면 세상이 악하다고 증언하시기 때문이다. 우리도 세상을 악하다고 증언해야 할 때가 있다. 그러면 세상에서는 미움을 받겠지만 하나님의 나라는 퍼져간다.

하지만 세상을 악하다고 할 때 무엇을 기준으로 해야 하는가? 자기 생각, 자기 편이 기준이 되어도 좋은가? 교회가 하나 되지 못하는 것은 각각 자기의 기준으로 세상을 악하다고 비판하기 때문이다. 그 기준은 당연히 예수님이 되어야 한다. 예수님을 비판하는 세력을 당연히 악하다고 해야 한다.

## 묵상과 적용

1. 혹시 나는 세상 천국을 꿈꾸는 사람은 아닌가? 국가를 포함하여.

2. 오늘날 교회가 세상의 비판을 받는 이유는 무엇 때문인가? 교회가 세상을 악하다고 하기 때문인가?

3. 교회가 세상의 비판을 받아야 할 유일한 기준은 무엇인가?

4. 나는 신앙생활 속에서 세상을 악하다고 얼마만큼이나 비판하고 있는가?

5. 내가 세상이 악하다고 비판하지 못하는 이유는 무엇인가?

## 45. 마귀의 방식을 버려라.

**정치는 확산시켜야 일이 이루어지지만 하나님의 일은 보이지 않는 하나님의 방식으로 이루어진다.**

(요 7:10) "그 형제들이 명절에 올라간 후에 자기도 올라가시되 나타내지 않고 은밀히 가시니라"
(마 12:19) "그는 다투지도 아니하며 들레지도 아니하리니 아무도 길에서 그 소리를 듣지 못하리라"

다른 이유도 있지만 예수님은 소문 없이 일하기를 원하신다. 그래서 숱한 질병을 고치시고서도 알리지 말라고 거듭 당부하신다. 예수님은 조용하게 일을 진행하시고 온유한 음성으로 가르치신다. 투쟁하고 싸우고 문제를 일으키시는 것이 아니다. 다만 메시아로서 하시는 말씀에 대해 바리새인 등 교권자들이 들고 일어나 문제를 확대시키는 것이다.

교회는 당연히 오른손이 하는 일을 왼손이 모르게 세상의 구석구석을 밝혀야 한다. 체제변혁을 통해서는 세상을 바꿀 수 없다. 인류의 역사가 증명한다. 교회는 세상을 섬기면서 사람들을 바꿈으로써 세상을 변혁시켜야 한다.

## 묵상과 적용

1. 교회가 광고와 홍보에 의존하면 안 되지만 자꾸 광고하고 홍보해야 할 부분이 있다. 무엇이겠는가?

2. 나는 하나님의 일을 할 때 조용히 나만의 일을 진행하는 편인가? 아니면 주변에 자꾸 알리는 편인가? (자랑이든 자기 의이든)

3. 사람과 환경에 의지해서 해결되었는데도 하나님이 하셨다고 말하는가? 그것은 어떤 죄와 연결되는가?

4. 하나님께서 일하시도록 하기 위해 가장 필요한 전제조건은 무엇이겠는가? 내 의지로 하면 이루어지는가?

5. 정치는 자꾸 홍보해서 자기 편을 만들려고 한다. 그런데 왜 교회에도 이런 세속이 들어와 있는가?

## 46. 행함보다 분별이 더 중요하다.

**예수님의 교훈은 하나님께로부터 온 것인데 사람들은 자꾸 자기 교훈만 이야기하려고 한다.**

(요 7:17) "사람이 하나님의 뜻을 행하려 하면 이 교훈이 하나님께로부터 왔는지 내가 스스로 말함인지 알리라"

기독교의 가르침은 말씀대로 행하려고 하면 전통적인 신앙 상식과 어긋나 보이는 경우가 많다. 그러나 그 말씀을 반대하는 사람들도 사실 내적으로는 그 말씀이 참인지 거짓인지 잘 알고 있다. 고집이나 자존심이나 명예욕구 때문에 회피하는 것일 뿐이다. 하나님 앞에서는 언제나 벌거벗을 수 있는 신앙인들이면 참 좋겠다.

하나님의 뜻은 하나님의 말씀대로 행할 때에 분명하게 드러난다. 말씀대로 순종할 때 하나님의 말씀이라는 증거가 되는 것이다. 말씀대로 해보지 않으면 결코 증명될 수 없다. 그렇게 되면 하나님도 증명될 수 없다. 하나님이 증명되지 않으면 아무도 예수님을 믿으려고 하지 않을 것이다.

## 묵상과 적용

1. 내가 어떤 결정을 할 때 가장 중심으로 삼는 것은 무엇인가?

2. 나의 결정이 하나님의 뜻인지를 어떻게 분별하고 있는가? 기도응답인가, 말씀인가?

3. 세상 돌아가는 이야기들을 어떤 기준으로 판단하는가? 그 판단이 하나님의 뜻과 일치하는가?

4. 나는 왜 말씀의 기준을 자꾸 벗어나려고 하게 되는가?

5. 나의 판단과 말씀의 판단이 얼마나 일치하는가? 아니면 얼마나 어긋나는가?

## 47. 몇 %짜리 영광인가?

**경건의 극치는 자기의 영광을 조금도 구하지 않고 하나님의 영광만을 구하는 것이다.**

(요 7:18) "스스로 말하는 자는 자기 영광만 구하되 보내신 이의 영광을 구하는 자는 참되니 그 속에 불의가 없느니라"

우리를 보내신 이 곧 예수님의 영광만 구하는 자는 항상 참되다. 불의가 침범할 수 없다. 사실 그렇게 할 수 있는 성도는 거의 없지만, 성령으로 충만할 때에는 비록 일시적일지라도 그럴 수 있다. 성도는 그것을 바라보아야 한다.

어떤 일을 이루어주심에 감사하며 같은 말로 주님께 영광을 돌린다고 하더라도 그 영광은 1%에서 100%까지 다양할 것이다. 하나님께 영광을 돌린다고 하는데 그것이 1% 수준이라면 나머지 99%는 자기 영광을 구하는 것이다. 100%이면 경건의 최고수준이 될 것이다. 어느 정도인지는 자기 자신도 잘 모를 것이다. 물론 그런 일들이 쌓여가면서 그 사람의 수준이 드러날 것이다. 온전히 하나님께 영광을 돌리는 사람에게 말씀을 주시고 동행하시며 능력을 주실 것이기 때문이다.

## 묵상과 적용

1. 내가 하나님께 영광을 올려 드린다고 할 때 그 영광은 과연 하나님께 몇 %나 될 것 같은가?

2. 예수님께서 하나님께 영광을 100% 구하신 최후의 행동은 무엇이었는가? 상식과는 완전히 반대이다.

3. 그렇다면 내가 하나님께 영광을 100% 돌려드리는 목적지점은 어디라야 하겠는가?

4. 하나님은 예수님으로부터 받으신 영광을 어떻게 성취하셨는가? 예수님의 죽으심을 어떻게 처리하셨는가?

5. 내가 온전하게 하나님의 말씀에 순종했을 때 하나님은 받으신 영광을 어떻게 드러내시겠는가?

## 48. 율법 속의 하나님 마음

**아무리 철저하게 율법을 지켜도 마음으로 지키지 않으면 지키지 않는 것이다.**

(요 7:19) "모세가 너희에게 율법을 주지 아니하였느냐 너희 중에 율법을 지키는 자가 없도다 너희가 어찌하여 나를 죽이려 하느냐"

예수님이 보시기에 진정으로 모세의 율법을 지키는 바리새인은 한 사람도 없었다. 그러나 바리새인들이 보기에는 그들 중에서 모세의 율법을 지키지 않는 사람은 한 사람도 없었다. 우리 자신에 대해 너무 확신하지 말자. 믿음은 본질, 마음이 들어있어야 성립되는 것이다.

하나님은 분명히 율법 속에 하나님의 마음을 담으셨다. 이미 이웃을 자신처럼 사랑하라고 하셨다. "원수를 갚지 말며 동포를 원망하지 말며 네 이웃 사랑하기를 네 자신과 같이 사랑하라 나는 여호와이니라"(레 19:18) 마음이 빠져버리면 문자 그대로 율법이 되어버리고, 하나님 사랑도 이웃사랑도 아무 것도 남지 않게 되어버리는 것이다.

## 묵상과 적용

1. 나는 교회 예전을 행할 때 하나님의 마음을 얼마나 이해하고 행한다고 생각하는가?

2. 바리새인들이 율법을 철저하게 지키면서도 전혀 지키지 않았다면 그 이유는 무엇이겠는가?

3. 오늘날 율법을 전혀 지키지 않았던 바리새인들은 어떤 모습으로 우리 곁에 다가와 있겠는가?

4. 하나님의 마음, 하나님을 사랑하는 마음이 복음의 생명이다. 나는 항상 생명을 소유하고 있는가?

5. 하나님을 사랑하는 만큼 이웃을 사랑하게 되어 있다. 이웃사랑의 측면으로 볼 때 나는 얼마나 하나님을 사랑하는가?

## 49. 그릇된 확신의 가능성

**오늘날 주일 논란은 예수님 당시 안식일 논란처럼 신앙의 본질을 잃어버리게 만들 수 있다.**

> (요 7:23) "모세의 율법을 범하지 아니하려고 사람이 안식일에도 할례를 받는 일이 있거든 내가 안식일에 사람의 전신을 건전하게 한 것으로 너희가 내게 노여워하느냐"

율법이 서로 충돌하고 있다. 인간의 논리, 신학, 교리는 스스로 충돌하는 일이 많은데 각각 이것을 따라 하려고 하니 점점 복잡해진다. 자기 입장과 자기 생각만을 고집한다면 비록 하나님의 뜻일지라도 거부할 수밖에 없게 될 것이다. 하나님의 마음, 예수님의 정신을 똑바로 알면 충돌할 일이 줄어들 것이다.

오늘날에도 신학적 입장에 따라 완전히 반대편이 되기도 하는 것을 본다. 물론 어느 쪽도 완전하지는 않지만 나는 이것을 신본주의와 인본주의의 대립이라고 생각한다. 당연히 신본주의가 옳은 것이지만 그렇다고 율법주의가 되면 결코 바람직하지 않다. 중요한 것은 복음 안에 담긴 본질, 예수님의 마음을 깨닫는 것이다.

## 묵상과 적용

1. 전통과 신학적 입장에서 벗어나는 일을 볼 때 나는 어떻게 반응하는가?

2. 주일도 복음을 더욱 복음 되게 만들기 위해 존재한다. 주일이 오히려 비판의 빌미를 주는 것은 아닌가?

3. 예수님은 안식일에 사람을 구하는 일을 하셨다. 내가 주일을 지키지 못하는 경우는 어떻게 한정해야 하겠는가?

4. 주일뿐만 아니라 교회중심의 신앙생활에 충실하지 못한 성도들을 볼 때 그들을 비난하지는 않는가?

5. 내가 만약에 교회생활에 충실할 수 없는 상황에 있다면 어떤 식으로 영적 부족함을 보충하겠는가?

# 50. 하나님의 공의

**남을 비판하는 일을 삼가야 하는 이유는 오직 주님만이 공의로운 판단을 내리실 수 있기 때문이다.**

(요 7:24) "외모로 판단하지 말고 공의롭게 판단하라 하시니라"

외모, 곧 세상에서 보이는 모습으로 판단하는 것이 아니라 공의, 곧 성경에 근거해서 판단해야 한다. 하지만 목사라고 할지라도 성경이 아니라 세상에 서 있는 자기 입장에 서서 판단하기 일쑤다. 자기 입장이 없을 수 없고 마음에 들지 않는 것을 수용하기가 심히 어렵지만 그래도 주의 종이라는 목사는 그렇게 하면 안 된다. 과정이 있더라도 결론은 공의로 판단하는 것이어야 한다.

공의는 하나님께서 모든 인간에게 공통적으로 세우시는 하나님의 의이다. 인간의 입장에서는 억울한 면이 있다고 생각할 수 있겠지만 하나님은 공평하게 적용하시는 의이다. 오직 하나님만이 공의롭게 판단하실 수 있고, 그 결정에 최종적인 권위를 가지실 수 있다. 그 권위는 오로지 하나님의 말씀만이 기준이 되어야 한다. 그리스도인은 근거를 말씀 안에서만 찾아야 한다.

## 묵상과 적용

1. 나는 상대방을 판단할 때 그 상대방의 입장에서 얼마나 깊이 생각하고 나서 비판하는가?

2. 특히 정치적인 비판을 할 때 나는 어떤 논리를 가장 우선시한다고 생각하는가? 정치인들의 논리인가?

3. 비판에서 자유로운 사람은 아무도 없다. 나는 비판받을 요소를 얼마나 가지고 있다고 생각하는가?

4. 비판하지 않으려면 자신의 형편없는 본질을 깨달아야 한다. 나는 내가 비판하는 사람보다 월등하게 뛰어난가?

5. 외모를 보고 비판하지 않으려면 예수님의 시각을 가져야 한다. 나는 얼마나 예수님의 눈으로 사람들을 보고 있나?

## 51. 결론과 증거의 우선순위

**바리새인들에게 있어서 증거란 자신들에게 유리할 때에만 들이대는 증거이다. 그래서 하나님의 최후심판이 필요하다.**

(요 7:51) "우리 율법은 사람의 말을 듣고 그 행한 것을 알기 전에 심판하느냐"

증거도 없이 재판하느냐는 니고데모의 책임 있는 자세가 그립다. 하지만 바리새인들은 빌라도가 사형선고를 내리기 전에 이미 자기들끼리 사형을 선고하였다. 사형선고를 위한 명분을 만들기 위해 그들은 하나님의 논리를 적용시키려고 최대한 애를 썼다. 바리새인들은 종교적인 위선 때문에 심판을 받았던 것이다.

우리들이 이와 똑같다. 이미 정치적으로 사형을 시켜 놓고 본다. 자기와 생각이 다르면 마음속으로 사형을 시켜버린다. 상대의 말을 들어볼 필요도 없다. 이해하려고 시도하지도 않는다. 세상 사람들이야 당연히 그렇다고 치더라도 그리스도인들은 그러면 안 된다. 물론 지나치게 경직되어 있는 사람들은 어쩔 수 없다 하더라도 적어도 상대의 존재를 인정하기는 해야 할 것 아닌가? 어떻게 성경을 함께 공유하는 사람들끼리 그토록 원수처럼 싸울 수 있을까?

## 묵상과 적용

1. 바리새인들이 결론을 내려놓고 행하는 것처럼 나는 먼저 결정하고 기도하는 경우는 없었는가?

2. 내가 많이 가지고 있는 신앙적 결론들은 주님께서도 온전히 동의하시겠는가?

3. 신앙 안에서 결론의 근거가 되는 유일한 증거는 무엇이어야 하겠는가?

4. 내가 바리새인들처럼 마음에 사형선고를 내림으로써 또다시 예수님을 십자가에 못 박은 적은 없었는가?

5. 나는 예수님께서 목숨으로 이미 용서하신 성도들을 왜 자꾸 비판하고 나무라는가?

# 52. 양심과 회개

**양심에 가책을 느꼈다는 것은 스스로 죄인이라는 사실을 고백하는 것이다.**

> (요 8:9) "그들이 이 말씀을 듣고 양심에 가책을 느껴 어른으로 시작하여 젊은이까지 하나씩 하나씩 나가고 오직 예수와 그 가운데 섰는 여자만 남았더라"

이때는 양심의 가책을 느낄 수 있는 사람들이 많았다. 오늘날에는 양심의 가책이라는 것을 모르는 사람들이 너무 많다. 오직 자신만의 유리창으로 세상을 보기 때문이다. 하지만 하나님은 순진하고 어리석은 사람을 사랑하시고 신뢰하신다.

그리스도인은 다른 사람의 말을 들으면 즉각 수용하지는 못할지라도 뒤돌아서서 자기 자신을 돌아볼 줄 알아야 한다. 나는 여태까지 문제가 되었다가 하나님의 뜻을 따라 다시 돌이킨 사람을 거의 못 보았다. 하나님 앞에는 물론이거니와 사람 앞에 자기 허물을 인정하고 돌이키는 사람은 위대한 사람이다. 그런 사람이 하나님의 진정한 자녀이다.

## 묵상과 적용

1. 양심의 가책을 느껴도 자기 행동을 합리화하는 시대가 되었다. 나는 아직 양심을 버릴 정도는 아닌가?

2. 바리새인들은 양심적으로든 신앙적으로든 회개할 수 없는 사람들이다. 나는 회개를 얼마나 깊이, 자주 하는가?

3. 양심의 가책을 느낄 수 있는 비결은 무엇인가? 어떤 시각으로 자신을 볼 수 있는 것인가?

4. 양심도 하나님께서 주신 것이다. 신앙인들에게 양심이란 하나님의 마음이다. 나는 하나님의 마음으로 사는가?

5. 간음하다가 붙잡힌 이 여인의 양심은 지금 어떤 상태일지 생각해보라. 어떨 때 진정한 회개가 나오겠는가?

## 53. 하나님의 편이란

**주께서 동행하실 것을 구하는 것이 아니라 내가 주님과 동행하는 것이 믿음이다.**

(요 8:29) "나를 보내신 이가 나와 함께 하시도다 나는 항상 그가 기뻐하시는 일을 행하므로 나를 혼자 두지 아니하셨느니라"

하나님께서 기뻐하시는 일을 행하면 하나님은 언제나 동행하신다. 먼저 주님의 동행을 구하지 말고 하나님께서 기뻐하시는 일을 찾아서 그 일을 행하면 하나님은 언제나 우리와 동행하신다. 나를 비롯하여 신앙인들이 거꾸로 알고 있는 것이 참 많다.

주님은 당연히 우리 편이다. 물론 잘못하면 돌이키기 위해 징계하기는 하신다. 그럼에도 끝까지 포기하지 않고 기다리신다. 하나님은 분명 우리 편이시지만 우리도 하나님 편이 되어야 한다. 하나님은 먼저 우리 편이 되어 주셨다. 편이 되어주신 정도가 아니라 목숨까지 주셨다. 참을 수 없는 고통까지 참으셨다. 이제는 성도가 하나님 편이 되어야 한다. 언제까지 자기는 아무렇게나 하면서 하나님께는 우리 편이 되어달라고 요청할 것인가?

## 묵상과 적용

1. 나는 하나님의 동행을 구하는 편인가 아니면 내가 따라가서 하나님과 동행하는 편인가?

2. 하나님이 내 편이 되기를 기도하는가? 아니면 내가 하나님의 편이 되기를 기도하는가?

3. 주님이 기뻐하시는 일을 하면 반드시 동행하신다. 혹시 비전이라고 하면서 혼자 걸어가는 것은 아닌가?

4. 하나님의 편이 되어 하나님과 동행할 수 있는 비결은 무엇이겠는가?

5. 처음 믿었을 때와 오랫동안 믿은 지금의 기도제목은 어떻게 바뀌었는가? 비슷하다면 문제가 될 수 있다.

## 54. 심령의 보관소

**신앙인은 자기 심령 속에 말씀이 거할 곳을 마련해 놓은 사람이어야 한다.**

> (요 8:37) "나도 너희가 아브라함의 자손인 줄 아노라 그러나 내 말이 너희 안에 있을 곳이 없으므로 나를 죽이려 하는도다"

신앙은 말씀이 내 속에 있을 곳을 만드는 것이다. 말씀이 내 속에 있을 자리가 없으면 아무리 성경을 많이 알고 좋은 설교를 많이 들어도 소용이 없다. 내 생각, 습관, 편견, 욕심, 이기심, 자기중심적 사고방식들을 버릴 때 말씀이 내 속에 거할 자리가 있는 것이고 계속 거하게 할 수 있는 것이다.

그러므로 성도는 자꾸 버려야 한다. 외적인 조건도 버려야 하지만 내적인 고집을 자꾸 버려야 한다. 버려도 버려도 또 나오는 것이 이기심이요 자기 생각이다. 그래도 자꾸 버려야 한다. 버려야 하나님의 말씀이 거할 공간이 생긴다. 우리가 지속적으로 예배를 드리고 말씀을 보고 기도하는 또 다른 이유는 바로 버리기 위해서이다. 지속적으로 버려야 지속적으로 하나님의 말씀이 채워지는 것이다.

## 묵상과 적용

1. 실질적으로 나의 심령 속에는 얼마나 큰 말씀보관소가 있겠는가?

2. 혹시 말씀 창고에 살아있는 말씀들을 오랫동안 처박아놓기만 하는 것은 아니겠는가?

3. 심령보관소에 말씀을 더 많이 두기 위해서 내가 가장 먼저 버려야 할 것은 무엇인가?

4. 그 말씀이 활발하게 활동할 수 있도록 나는 어떤 것에 중점을 두고 신앙생활을 하는가?

5. 말씀이 살아서 나를 지배하지 못하게 만드는 몇 가지 요소들은 무엇인가?

## 55. 마귀의 부하

**탐욕은 인간의 죄로부터 파생된 것이고 거짓은 마귀가 자기 세상을 만드는 수단이다. 따라서 거짓을 말하는 자는 마귀의 부하로 쓰임 받는 것이다.**

(요 8:44) "너희는 너희 아비 마귀에게서 났으니 너희 아비의 욕심대로 너희도 행하고자 하느니라 그는 처음부터 살인한 자요 진리가 그 속에 없으므로 진리에 서지 못하고 거짓을 말할 때마다 제 것으로 말하나니 이는 그가 거짓말쟁이요 거짓의 아비가 되었음이라"

욕심, 살인(미움), 거짓에 사로잡힌 사람들은 자신이 마귀의 종노릇하고 있음을 알아야 한다. 세상은 마귀의 속임수 안에 있다. 무엇을 얻으면 참 행복을 얻을 것 같은 거짓으로 사람들을 속인다. 일을 하는 방식에도 거짓이나 속임수가 들어있다면 그것은 결코 하나님께서 기뻐하시는 방법이 아니다.

진리는 결과보다 과정이 핵심이다. 아무리 의도가 좋고 목적이 선하다고 해도 과정에 거짓이 들어가면 단지 마귀의 쓰임을 받고 있을 뿐인 것이다. 목표에 지나치게 집중하지 말라. 하나님은 자녀들과 교제하기를 원하신다.

## 묵상과 적용

1. 혹시 너무 비전, 사명에 몰두하다가 하나님의 손을 놓고 있는 것은 아닌가?

2. 세상에는 거짓이 판치고 있다. 그런데 그 거짓을 따라갈 때가 없는가?

3. 이 세상의 모든 것들은 신기루처럼 언젠가 사라진다. 그것은 거짓이다. 그런데 왜 나는 그 거짓을 쫓아가고 있는가?

4. 혹시 그릇된 행동에 대한 비판을 피하기 위해 거짓을 사용한 적은 없는가?

5. 결국 거짓이란 욕심을 채우기 위한 수단이다. 십계명도 다른 죄보다 거짓에 대해 강조한다. 거짓을 어떻게 피할 것인가?

# 56. 듣고 있는가?

**사람은 자신이 속한 자 또는 속한 영역에 대한 말을 주로 하게 되어 있다.**

> (요 8:47) "하나님께 속한 자는 하나님의 말씀을 듣나니 너희가 듣지 아니함은 하나님께 속하지 아니하였음이로다"

하나님께 속하지 않은 사람은 하나님의 말씀을 듣지 않는다. 사역자들 중에도 성경 말씀을 안 듣고 사람의 말이나 세상의 상황에 귀를 기울이는 사람들이 있다. 때로 그럴 수도 있겠지만 자주 혹은 항상 그런 모습을 보인다면 그 사람은 하나님께 소속되지 않은 사람일 수 있다.

예수의 이름으로 행하는 수많은 일들 중에 정말 예수님의 말씀을 말씀 그대로 받아들이고 순종하는 일들이 많으면 좋겠다. 처음에는 예수님의 말씀으로 시작해서 점차 일에 몰두하게 되면 예수님의 말씀이 아니라 일의 합리화에 빠져들기 쉽다. 목회도 마찬가지이다. 연륜이 쌓이면서 가슴 속이 예수님으로 계속 채워져야 하는데 점차 예수님이 빠지고 사람의 욕심으로 채워지는 것이 참 안타깝다.

## 묵상과 적용

1. 매일 성경을 읽지만 정말 하나님의 말씀을 듣고 있는가?

2. 문제를 만날 때 성경말씀을 찾는가, 아니면 세상 논리나 힘을 찾는가?

3. 하나님의 말씀과 세상의 소리가 부딪칠 때 왜 나는 곧잘 세상의 소리에 귀를 기울이는가?

4. 세상의 소리란 결국 누구의 소리인가? 하나님의 반대편은 마귀의 세상이 아닌가?

5. 결국 영성이란 하나님의 말씀을 얼마나 듣는가이다. 나의 영성 점수는 얼마나 되겠는가?

## 57. 육의 일과 영의 일

**말씀을 지킨다는 것은 세상의 삶의 원리가 아니라 하늘의 원리를 따라간다는 것이다.**

(요 8:51) "진실로 진실로 너희에게 이르노니 사람이 내 말을 지키면 영원히 죽음을 보지 아니하리라"

예수님을 믿고 그 말씀을 지키면 영생을 주신다. 말씀을 지킨다는 것은 말씀대로 행동한다는 것이다. 이 땅에서 행동으로 보여드릴 때 우리에게 돌아오는 것은 영생이다. 그리스도인의 삶의 원리가 바로 이것이다. 하나님 사랑과 이웃사랑은 육신의 행함으로 나타나지만, 육의 행함으로 말미암아 그 사람의 믿음이 증명되고 영생이 주어진다. 영이신 하나님을 섬기면 이 땅의 것을 더하시고 육으로 이웃을 섬기면 영의 복을 주신다. 이것이 팔복의 원리이다.

하늘의 원리는 세상의 썩어질 것으로 그리스도의 사랑을 실천하면 저 하늘에는 보화가 쌓이고 영원한 상속자가 된다는 것이다. 그래서 재능을 주시고 물질을 주시고 능력을 주시는 것이다. 그리스도인은 자기 것으로 세상을 섬기는 사람들이다.

## 묵상과 적용

1. 육으로 섬기면 영적인 복을 주시고 영으로 섬기면 육적인 복을 주신다. 나는 이 원리를 얼마나 지키고 있는가?

2. 하늘의 원리를 알면서도 지키기 어려운 이유는 무엇이겠는가?

3. 말씀을 지키면 진정 하늘의 보화가 주어지는데도 왜 나는 성공과 번영을 따르려고 하는가?

4. 기복주의는 결국 주의 말씀을 지키지 않는다는 뜻이다. 교회가 왜 이 기복주의에 빠지게 되었는가?

5. 말씀을 지키는 것은 생활에서는 이웃을 사랑하는 것이다. 이웃에 대한 하나님의 말씀을 얼마나 지키고 있는가?

## 58. 말씀이 흐르고 있는가?

**말씀이 내 속에 거하고 내가 말씀 속에 거하지 않으면 말씀을 지킬 수 없다.**

(요 8:51) "진실로 진실로 너희에게 이르노니 사람이 내 말을 지키면 영원히 죽음을 보지 아니하리라"

말씀을 지키면 그 말씀 곧 예수님이 속에 거하시는 것이기 때문에 죽어도 죽는 것이 아니고 또 육신이 죽어도 주님과 함께 영원토록 영생하는 것이다. 그런데 말씀을 참 진리로 믿는 사람만이 말씀을 지킬 수 있는 사람이다. 신앙고백을 아무리 철저하게 해도 그 고백을 지키지 않으면 결과적으로 그 고백은 가짜가 되는 것이다. 특별한 사람들만이 말씀을 지킬 수 있다고 생각하면 그것으로는 많이 부족하다. 과정이야 있지만 그 과정을 이겨내는 것이 신앙이 아닌가?

말씀을 지키려면 말씀대로 행하는 수밖에 없다. 행하지 않으면 지킨다는 말의 의미조차도 알기 힘들다. 말씀대로 행하면 그 말씀이 엄청난 힘이 되지만 그렇지 못하면 말씀이 머릿속에만 머물게 된다. 말씀은 우리 몸에 혈액이 흐르듯이 우리 심령을 흐르고 있어야 한다. 심장이 펌프질하는 것처럼 활발하게 흘러야 한다.

## 묵상과 적용

1. 내 속에 거하시는 말씀은 나를 얼마나 지배하고 있는가?

2. 바리새인들이 예수님을 처형한 것은 무엇 때문인가? 그들 가운데 말씀(율법)이 없었는가?

3. 바리새인들이 말씀(율법)을 철저하게 지킨다고 생각했는데 전혀 지키지 못한 것은 무엇 때문이었는가?

4. 말씀은 단지 머릿속에만 있어서는 지킬 수 없다. 나는 내 가슴 속에 말씀을 얼마나 강하게 가지고 있는가?

5. 말씀이 내 마음에 흐른다는 것은 말씀을 많이 안다는 것과는 다르다. 어떻게 해야 말씀이 내 속을 흐르게 할 수 있겠는가?

# 59. 본질 없는 껍데기

**침을 뱉어 진흙을 이긴다는 것은 안식일의 종교적 규례가 얼마나 가식적인가를 보여주신 것이다.**

(요 9:6-7) "이 말씀을 하시고 땅에 침을 뱉어 진흙을 이겨 그의 눈에 바르시고 이르시되 실로암 못에 가서 씻으라 하시니 이에 가서 씻고 밝은 눈으로 왔더라"

왜 꼭 침을 뱉어 진흙을 이겨 눈에 바르시고 실로암에 가서 씻으라고 하실까? 유대인의 규례에 의하면 안식일(요 9:14)에 해서는 안 되는 일 중에 반죽하는 일이 들어 있는데 진흙을 이기는 것이 반죽하는 것이다. 또한 안식일에 침을 바르지 못하도록 되어 있는데 침으로 진흙을 만드심으로써 이것을 어긴 것이다. 결국 예수님은 잘못된 안식일 규례를 의도적으로 어기신 후에 안식일에 대한 바른 개념을 알려주시는 것이다.

예수님의 마음을 모르면 안식일 준수처럼 한낱 종교로 전락해 버리게 되는 것이다. 안식일이 중요하지 않은 것이 아니라 안식일의 본질을 놓쳐버리게 된다는 말이다. 그러면 진리가 아니라 여러 종교 중의 하나가 될 뿐이다.

## 묵상과 적용

1. 내가 지키고 있는 신앙의 울타리에 대해서 얼마나 그 본질을 깊이 생각하면서 행하고 있는가?

2. 본질이 빠진 신앙행위는 다른 종교에 대해서 적대적 태도를 취하게 만든다. 나는 타종교를 얼마나 배척하고 있는가?

3. 타 종교와 친하라는 말이 아니라 저들도 단지 구원의 대상일 뿐이라는 말이다. 타종교인들을 전도할 생각을 얼마나 하는가?

4. 믿음은 교회생활을 얼마나 열심히 하는가와 별로 관계가 없을 수도 있다. 믿음의 본질은 어디에서 증명되겠는가?

5. 나에게는 본질(예수님의 마음)과 종교의식(교회생활)이 얼마나 일치하고 있는가?

## 60. 메시아의 증거불충분

**안식일 분쟁 속으로 코를 박지 말고 고개를 들어 하나님을 쳐다보아야 한다.**

> (요 9:16) "바리새인 중에 어떤 사람은 말하되 이 사람이 안식일을 지키지 아니하니 하나님께로부터 온 자가 아니라 하며 어떤 사람은 말하되 죄인으로서 어떻게 이러한 표적을 행하겠느냐 하여 그들 중에 분쟁이 있었더니"

예수님이 안식일에 병 고치는 것을 보고 그것을 메시아가 아니라는 증거로 삼았다. 성경을 너무 좁게 생각하고 자기가 보고 싶은 부분만 보니까 자기 해석 외에는 전부 이단으로 몰게 되는 것이다. 하나님은 교리 속에 계시는 분이 아니시다. 다만 교리를 통하여 잘못된 부분을 걸러내고자 할 뿐이다. 하나님의 마음, 하나님의 계획을 폭넓게 보아야 할 필요가 있다.

하나님의 계획이나 신앙의 본질을 이해하려면 자신의 입장을 객관적으로 볼 필요가 있다. 논란이 될 수 있는 문제만 들여다보고 있으면 하나님의 뜻을 이해할 수 없다. 그 자리를 떠나보아야 한다. 그것은 자기 자신의 실체를 알기 위해서이기도 하지만 더 나아가서 예수님의 마음을 깨닫기 위해서이기도 한 것이다.

## 묵상과 적용

1. 나는 메시아인가 아닌가에 대한 바리새인들의 견해 중 어느 쪽에 더 가까운가?

2. 교회의 규례 중 일부를 지키지 못하는 것은 신실한 그리스도인으로서 증거불충분이겠는가?

3. 예수님은 왜 규례 밖에 있던 죄인들과 가까우셨는가? 예수님은 과연 그들의 무엇을 보셨는가? 그것이 본질이다.

4. 규례를 지키는 것은 하나님께 내 신앙을 표현하는 것이다. 이 신앙은 타인에게는 어떻게 드러나야 하겠는가?

5. 나는 예수님께서 그리스도라는 사실을 증거불충분으로 인식하는 것은 아닌가? 실제 행동으로는 그럴 수 있다.

## 61. 그리스도인의 가장 큰 착각

**성도에게 있어서 가장 큰 착각은 자신이 죄인이라는 사실을 잊어버리는 것이다.**

(요 9:41) "예수께서 이르시되 너희가 맹인이 되었더라면 죄가 없으려니와 본다고 하니 너희 죄가 그대로 있느니라"

예수님은 안다고 하고 본다고 하는 사람에게서 죄를 더 많이 찾으실 것이다. 알아도 한계가 있고 보아도 한도가 있다. 왜냐하면 볼 수 있다거나 알 수 있다고 하는 그 자체가 이미 자기를 모르는 것이기 때문이다. 부정적으로 생각하라는 것이 아니라 모든 주권을 하나님께 드리라는 것이다.

확신을 가져서는 안 된다는 말이 아니라 자신이 옳다는 기준이 되어 버리는 것이 문제라는 말이다. 설사 두 눈을 감고 세상을 다 꿰뚫어본다고 해도 그렇다고 자기가 전부 옳은 것은 아니다. 그것은 그냥 많이 아는 것이다. 많이 안다는 것은 굉장한 일임에는 틀림이 없지만 그 많이 아는 것이 자기 눈을 멀게 만드는 것일 수도 있음을 알아야 한다. 아무리 많이 알아도 하나님의 전지하심과는 비교할 수 없다. 정말로 제대로 많이 아는 사람은 겸손하다.

## 묵상과 적용

1. 최후의 심판은 교회에서부터 시작될 것이라고 한다. 나는 어떤 순서에 있게 될 것 같은가?

2. 그 때가 왔을 때 나는 주님 앞에서 고개를 숙일 것 같은가, 아니면 고개를 들고 주님을 바라볼 것 같은가?

3. 스스로 죄인이라고 생각하면 죄가 적을 것이고 의인이라고 생각하면 죄가 클 것이다. 나의 죄는 큰가, 적은가?

4. 신앙생활을 오래 하고 신앙이 성장할수록 작은 죄에도 마음이 쓰여야 한다. 나는 죄에 대해 어떤 감각을 가지고 있는가?

5. 교회 안의 중직일수록 오히려 마음이 굳어진 경우가 많다. 나는 주님 앞에 나의 마음을 얼마나 개방하고 있는가?

# 62. 100% 주님의 음성인가?

**이단의 음성을 듣고 주님의 음성을 듣지 못하는 것은 아직 주님의 양이 아니기 때문이다.**

(요 10:1-5) "내가 진실로 진실로 너희에게 이르노니 문을 통하여 양의 우리에 들어가지 아니하고 다른 데로 넘어가는 자는 절도며 강도요 문으로 들어가는 이는 양의 목자라 문지기는 그를 위하여 문을 열고 양은 그의 음성을 듣나니 그가 자기 양의 이름을 각각 불러 인도하여 내느니라 자기 양을 다 내놓은 후에 앞서 가면 양들이 그의 음성을 아는 고로 따라오되 타인의 음성은 알지 못하는 고로 타인을 따르지 아니하고 도리어 도망하느니라"

이 비유는 씨 뿌리는 사람의 비유처럼 이스라엘에서 일상적으로 일어난 일을 밑도 끝도 없이 사람들에게 이야기하신 것이다. 하지만 이런 비유는 제자들에게는 살아있는 생명의 말씀이 된다. 예수님과 성도의 관계에 대해서 가장 이해하기 쉽게 설명해주시는 것이다. 이 비유를 생각하면 점점 더 예수님을 신뢰하게 될 것이다.

사람들은 보기는 보되 시야가 좁아서 극히 일부만 볼 수 있고,

듣기는 듣되 다른 쪽 귀로 흘려버리거나 듣고 싶은 것만 들을 수 있으며, 말하기는 하되 자기 말만 반복할 수밖에 없는 존재들이다. 뭔가 열심히 하기는 하지만 방향이 없고 자기도 무엇이 옳은지 분별하지 못하며, 사실은 그냥 사람들이 가는 방향으로 따라가고 있을 뿐이다. 무엇과 같은가? 마치 양떼와 같지 않은가?

양은 근시라서 불과 몇 미터 앞도 분간하지 못할 때가 있다. 그래서 이동할 때에는 그저 앞에 가는 양들의 엉덩이만 보고 따라갈 뿐이다. 다만 청력이 발달되어 있어서 동료들의 소리와 주인의 소리를 정확하게 분별할 수 있다. 들어야 할 것만 듣는 것이다. 인간의 어리석은 모습과 많이 닮아있다. 그런데 정말 다행인 것이 그래서 주인이 꼭 필요하다는 것이다. 자기들끼리 모든 것을 잘 해내면 굳이 주인이 필요 없다. 약하니까 주인의 목소리에 귀를 기울여야 하고 그 음성을 따라가야 안전할 수 있다.

이단의 소리는 주인의 음성이 아니다. 아직 주인의 음성도 구분하지 못한다면 어린 양이거나 주인의 양이 아니거나 둘 중의 하나이다. 주님의 양이라고 스스로도 인정하고 교회에서도 인정하지만 사실은 주님의 음성을 듣지 않는 시대이다. 오히려 주인이 아닌 마귀의 음성을 더 반긴다. 교회에 앉아있으면서도 자기가 듣고 싶은 세상의 소리에 자꾸 기웃거린다. 주님의 음성 이외의 소리에 귀를 기울이면 그는 그리스도인이 아니다. 주님의 음성을 바꾸거나 삭제하거나 변개시키는 일도 비일비재한 것이 현실이다.

## 묵상과 적용

1. 내가 지금 무시하고 있는 주님의 음성이 있다면 냉정하게 분별하고 이야기 해보자.

2. 주님의 음성을 100% 듣지 못하면 전혀 안 듣는 것과 같을 수 있다. 나는 주님의 음성을 몇 %나 듣고 있겠는가?

3. 나는 신학적 입장이나 교단의 주장 때문에 오히려 주님의 음성을 가려버리지는 않는가?

4. 주님의 음성을 계속 들으려면 주님을 따라가야 한다. 주님을 따라간다는 것은 구체적으로 무엇을 말하는 것이겠는가?

5. 지금 기독교는 주님의 음성을 100% 따라가고 있는가? 왜 종교에 묻혀서 주님의 음성을 외면하고 있겠는가?

# 63. 주님의 양이 없는가?

**목숨이라도 아까워하지 않고 버릴 각오가 될 때 다시 얻을 뿐 아니라 하나님의 강한 신뢰를 받게 된다.**

(요 10:11) "나는 선한 목자라 선한 목자는 양들을 위하여 목숨을 버리거니와"
(요 10:15) "아버지께서 나를 아시고 내가 아버지를 아는 것 같으니 나는 양을 위하여 목숨을 버리노라"
(요 10:17) "내가 내 목숨을 버리는 것은 그것을 내가 다시 얻기 위함이니 이로 말미암아 아버지께서 나를 사랑하시느니라"

예수님은 양을 위하여 목숨을 버린다는 말씀을 세 번이나 하신다. 마치 베드로에게 양을 먹이라고 세 번 말씀하시는 것처럼. 예수님을 따르는 제자라면 만약의 경우에 내 삶 전체를 드릴 각오가 되어 있어야 한다. 맡겨진 양이 있다면 모든 것을 걸고 지켜야 한다. 그런데 사역자에게만 양이 있는 것은 아니다. 모든 그리스도인들에게는 맡겨진 양이 있다는 사실을 알았으면 좋겠다.

## 묵상과 적용

1. 주님께서 맡겨주신 양이 목회자에게만 있겠는가? 성도에게는 주님께서 맡겨주신 양이 전혀 없는가?

2. 말씀을 지킨다는 것은 주님의 양들을 위해 헌신한다는 의미이다. 그런 의미에서 나는 말씀을 얼마나 지키고 있겠는가?

3. 양들을 위해 목숨을 버린 주님의 뜻은 마치 주님을 사랑하듯이 양들을 사랑하는 것이다. 나는 얼마나 사랑하고 있는가?

4. 이웃을 사랑할 때에는 주님께서 양이 되신 것처럼 내가 그 양이 되어 사랑해야 한다. 얼마나 자주 그렇게 하는가?

5. 나에게 맡겨진 주님의 양들을 이야기해보라. 교회 형제, 내가 돌보는 학생, 전도대상자, 옆집 사람들이다.

# 64. 목숨의 목적

**진짜로 사랑한다면 버림은 자연스럽게 이루어진다.**

(요 10:17) "내가 내 목숨을 버리는 것은 그것을 내가 다시 얻기 위함이니 이로 말미암아 아버지께서 나를 사랑하시느니라"

우리에 들지 않은 양을 구하기 위해 모든 것을 버릴 정도가 되면 그 사람은 하나님의 사랑을 독차지할 수 있다. 그렇다고 양을 위하여 목숨을 버린다는 개념이 전도나 양육만을 뜻하는 것은 아니다. 물론 좁은 의미에서는 그렇다고 볼 수도 있겠지만, 일반적으로는 성도가 생활 가운데 만나는 모든 사람이 우리에 들지 않은 양들이다. 그들에게 주님의 사랑을 보여주는 것이 성도이다.

그러므로 그들을 그리스도의 사랑으로 섬기기 위해 버림의 자세가 반드시 필요하다는 것이다. 예수님의 마음을 알고 그 말씀이 내 속에 거한다면 사실은 버림은 자연스러운 일이 된다. 자녀를 위해 희생하는 것이 억지가 아니고 부모라면 자연스러운 행동인 것과 같다. 그리스도인이라고 모든 것을 의무로만 한다면 얼마나 힘이 들겠는가?

## 묵상과 적용

1. 영원한 목숨을 얻으려면 한시적인 목숨을 버려야 한다. 나는 영원한 목숨을 얻기 위해 얼마나 버릴 자세가 되어 있는가?

2. 예수님은 목숨을 다시 얻기 위해 누구를 대신하여 버리셨는가? 나는 나를 위해 사는가? 이웃을 위해 사는가?

3. 목숨을 버린다는 말은 모든 생활을 버린다는 뜻하기도 한다. 나의 생활을 버리고 주의 양들을 얼마나 사랑하고 있는가?

4. 목숨을 버리면 더 이상 섬길 수 없다. 그러나 주님께서 책임지신다. 내가 하나님께 맡기는 부분은 얼마나 되는가?

5. 내가 주님의 양들을 돌볼 때 나를 포기한 만큼 하나님께서 기뻐하신다. 지금 하나님은 나를 얼마나 기뻐하시겠는가?

# 65. 미친 사람들?

**인간은 온갖 논리로 자신을 정당화하려고 시도한다. 사실은 예수님이 귀신 들린 것이 아니라 저들이 귀신의 앞잡이 노릇을 하는 것이다.**

(요 7:20) "무리가 대답하되 당신은 귀신이 들렸도다 누가 당신을 죽이려 하나이까"

(요 8:48) "유대인들이 대답하여 이르되 우리가 너를 사마리아 사람이라 또는 귀신이 들렸다 하는 말이 옳지 아니하냐"

(요 8:52) "유대인들이 이르되 지금 네가 귀신 들린 줄을 아노라 아브라함과 선지자들도 죽었거늘 네 말은 사람이 내 말을 지키면 영원히 죽음을 맛보지 아니하리라 하니"

(요 10:20) "그 중에 많은 사람이 말하되 그가 귀신 들려 미쳤거늘 어찌하여 그 말을 듣느냐 하며"

계속해서 예수님이 귀신 들렸다고 공격한다. 자신들의 머리로 이해할 수 없는 현상을 보고 귀신 들렸다고 하고 예수님을 부정하기 위하여 귀신 들렸다고 하는 것이다. 물론 예수님은 보통 사람들이 하는 일과는 전혀 다른 일을 하셨다. 사실 예수님은 조용하신 분이지만, 그러나 끊임없이 도전하시고 개혁하시고 선포하시고 논쟁하실 뿐만 아니라 정말 신이 할 수 있는 일들만 찾아서 하신다. 그러므로 예수님은 하나님이시다.

이런 기사들을 보면서 정말로 예수님을 믿는 일은 마치 미친 짓과도 같은 것이 아닐까 하는 생각이 들었다. 제 정신을 가지고 성경의 모든 이야기들을 믿을 수 있을까? 7일 동안 천지를 만드셨다든가, 지구의 모든 땅을 홍수로 완전히 뒤덮었다든가, 홍해 바다가 갑자기 가운데가 쩍 갈라져 수십만의 사람들이 건너갔다든가 하는 이야기들은 전설이나 동화책에 나올 법한 이야기들이 아닌가? 미치지 않고는 그것을 믿고 받아들일 수 없다.

물론 이스라엘은 그런 것들을 모두 믿는 사람들이었지만 예수님은 그런 사람들에게서도 미쳤다는 소리를 들으셨다. 우리도 제대로 믿으면 사람들의 눈에는 미친 것으로 보일 수도 있다. 그리고 미쳤다는 공격을 받을 수도 있다. 예수님께서 진리를 선포하신 것처럼 그리스도인이 복음을 삶으로 살 때 분명히 미쳤다는 소리를 들을 때가 있을 것이다. 그것을 그리스도인의 표지로 여길 수 있기를 바란다.

## 묵상과 적용

1. 예수에 미친 사람들이 사라졌다. 나는 얼마나 예수님께 미쳐있는가?

2. 논리적, 이성적 신앙의 시대가 되었다. 이 때 어떻게 하면 미쳤다는 소리를 듣겠는가?

3. 예수님도 유대인들에게서 미쳤다는 소리를 들으셨다. 나는 왜 미쳤다는 소리를 듣지 못하고 있겠는가?

4. 내가 예수에 미쳤다는 소리를 들을 정도로 열정을 쏟을 수 있는 부분은 어떤 것인가?

5. 예수님의 복음이 아니라 세상의 소리들이 미친 소리인데 나는 왜 미친 소리를 주로 듣고 쫓아가고 있는가?

## 66. 자기도 모르는 신성모독

**신성모독죄라는 죄목을 만들어 그리스도이신 예수님을 죽이려고 하는 것은 전부 사탄의 전략이다.**

> (요 10:33) "유대인들이 대답하되 선한 일로 말미암아 우리가 너를 돌로 치려는 것이 아니라 신성모독으로 인함이니 네가 사람이 되어 자칭 하나님이라 함이로라"

신성모독이란 원래 없는 죄목이다. 왜냐하면 신성은 하나님께서 판단하시는 일이고 신성을 모독한 사람을 벌하는 것도 하나님께서 하실 일이기 때문이다. 예수님께서도 성령모독죄는 말씀하셨지만 신성모독은 말씀하지 않으셨다. 예수님께서 행하신 선한 일을 보면 그분이 하나님의 아들이라는 것을 의심 없이 믿을 수 있는데, 오히려 신성모독이라고 몰아간다.

인간이란 참으로 자기 코앞에 있는 것밖에는 못 보는 것 같다. 종교가 되면 교권자들이 자기들 유리한 대로 마음대로 심판하게 된다. 하긴 요즘은 자칭 하나님 어머니도 나타났고 또 그걸 믿는 사람들도 많은 세상이기는 하다. 하지만 우리의 신앙생활 속에서도 신성모독의 가능성이 있다는 사실을 알아야 한다.

## 묵상과 적용

1. 혹시 나의 신앙생활 속에서도 신성모독이 될 수 있는 부분이 없겠는가?

2. 내가 믿는 교리 속에 하나님께서 기뻐하지 않으시는 부분은 없겠는가?

3. 더 나아가서 나의 행동과 삶이 예수님을 오히려 모독하는 일은 얼마나 되겠는가?

4. 세상이 아무리 하나님을 비난해도 하나님께서 모독당하지는 않으신다. 교회가 신성모독에 걸리지는 않겠는가?

5. 주의 이름으로 교회나 성도를 비판하는 경우도 많다. 기독교 역사상 얼마나 이런 신성모독이 많이 일어났는가?

## 67. 표적보다 강한 것

**세례 요한의 표적은 말과 행동의 일치이다. 인격과 삶의 일치가 가장 큰 표적이다.**

(요 10:41) "많은 사람이 왔다가 말하되 요한은 아무 표적도 행하지 아니하였으나 요한이 이 사람을 가리켜 말한 것은 다 참이라 하더라"

표적을 베풀어야만 사람들의 신뢰를 받는 것은 아니다. 아무 표적이 없어도 선포와 행동이 같으면 믿는 것이다. 각종 신비한 은사는 표적이지만, 은사가 강해도 말씀대로 행하는 모습이 없으면 많은 열매를 거둘 수는 없다.

수많은 능력자들이 나타나 각종 기적을 일으키며 사람들을 모으고 있지만 그것만으로 예수님이 드러나는 것은 아닐 것이다. 물론 전도의 중요한 수단이 될 수 있고 교회에 도움이 될 수 있을 것이다. 그러나 그것을 과정으로 여겨야지 그 자체가 목적이 되어버리면 삶이 빠져버린 겉껍데기 신앙에 그쳐버리기 쉽다. 한국교회에 부족한 것이 말씀의 실천이다. 교회 안에서의 실천이 아니라 지역 속에서의 실천이 교회를 교회답게 만드는 것이다.

## 묵상과 적용

1. 과거이든 현재이든 강한 은사와 표적, 신비를 쫓아다닌 적이 있었는가?

2. 가장 강한 표적은 세상 속에서의 행동이다. 나는 말씀을 그대로 실천함으로써 표적과 같은 결과를 보인 적이 있었는가?

3. 세례 요한처럼 표적이 없이도 그리스도를 강하게 증거하지 못하는 가장 큰 이유는 무엇인가?

4. 교회와 성도는 사람들이 그 말을 믿을 수 있게 해 주어야 한다. 오늘날 기독교인들과 교회는 어떤 평가를 받고 있는가?

5. 나는 교회 안이 아니라 세상 속에서 사람들에게 얼마나 믿음을 주는 삶을 살고 있는가?

# 68. 전부의 향기

**찬양의 향기는 향유뿐 아니라 자신의 최고의 것을 드릴 때 강하게 진동한다.**

> (요 12:3) "마리아는 지극히 비싼 향유 곧 순전한 나드 한 근을 가져다가 예수의 발에 붓고 자기 머리털로 그의 발을 닦으니 향유 냄새가 집에 가득하더라"

마리아가 예수님께 향유를 부은 것은 오빠 나사로를 살리신 후였다. 살아계신 하나님을 찬양하는 최고의 행위였다. 가장 귀한 것을 드리는 사람이 가장 위대한 신앙인이다. 순전한 것 전부를 드릴 때 주님은 순전하게 전부 다 찬양으로 받으실 수 있다.

찬양에는 음악적인 찬양, 언어의 찬양, 삶의 찬양이 있지만 공통적으로 가장 귀한 것을 드릴 때 찬양의 향기가 진동할 수 있을 것이다. 사람들은 중요하게 생각하거나 사랑하는 사람들에게는 자기가 가진 것 중에서 제일 좋은 것을 선물한다. 마찬가지로 예수님께는 다시는 가질 수 없는 향유옥합을 깨뜨려서 드려도 조금도 아깝지 않은 것이다.

## 묵상과 적용

1. 주님은 순전한 것 전부를 드릴 때 영광을 받으신다. 나는 순전한 것 전부를 드린 적이 있었는가?

2. 마리아가 값진 향유를 예수님의 발에 부은 것처럼 나는 나의 가장 귀한 것으로 가장 낮은 곳에 나눈 적이 있었는가?

3. 마리아가 자기 머리카락으로 예수님의 발을 닦은 것처럼 그렇게 가장 소중한 것으로 낮은 곳을 섬긴 적이 있었는가?

4. 믿음의 향기는 크기나 분량과는 관계없다. 생명과도 같은 것으로 섬길 때 향기가 진동한다. 내 향기는 어느 정도인가?

5. 나는 지금 전심으로 모든 것을 다해 주님을 사랑하고 섬기고 있는가?

## 69. 사랑과 미움

**신앙인은 자기 생명을 미워함으로써 영원한 참 생명을 얻는 사람들이다.**

(요 12:25) "자기의 생명을 사랑하는 자는 잃어버릴 것이요 이 세상에서 자기의 생명을 미워하는 자는 영생하도록 보전하리라"

자기의 생명을 미워하는 사람은 그 생명을 영원토록 보전하게 된다. 우리는 현실의 생명과 영원한 생명을 바꾸는 사람들이다. 정말로 영원한 생명을 위해서라면 현실의 생명이라도 아까워하지 않을 수 있어야 한다. 한 쪽을 사랑하면 다른 쪽을 미워해야 하고 한 쪽을 미워해야 다른 쪽을 사랑할 수 있다.

자기 생명을 미워하라는 말씀은 열등감에 시달리라는 말이 아니라 예수님을 자기 삶의 최우선순위에 두라는 말씀이다. 그렇다고 주님께서 우리의 모든 것을 원하시는 것은 아니다. 대개 그것은 선택의 얼굴로 나타난다. 무엇인가를 선택해야 할 때가 있다면 그것은 틀림없이 세상이냐 복음이냐의 갈림길일 것이다. 주님을 사랑한다고 하면서 세상을 선택하면 주님을 사랑하는 것이 아니라 자기의 생명을 사랑하는 것이다.

## 묵상과 적용

1. 오늘날 기독교는 너무 현실을 강조하고 있다. 나는 현실을 사랑하는가? 아니면 영생을 더 사랑하는가?

2. 세상의 삶을 사랑하면 오히려 생명을 잃어버릴 것이다. 혹시 나는 생명을 잃어버릴 정도로 세상에 치우쳐 있는 것은 아닌가?

3. 내가 목회자라면 성도들을 세상으로 인도하고 있는가? 아니면 영원한 생명으로 인도하고 있는가?

4. 내가 성도라면 나는 지금 세상으로 달려가고 있는가, 영원한 생명으로 가고 있는가? 아니면 이것도 저것도 아닌가?

5. 중간에 서 있는 믿음으로는 생명을 버릴 수 없다. 영원한 생명을 얻기 위해서 지금 버릴 수 있는 나만의 생명은 무엇인가?

# 70. 예수님 계신 곳

**예수님을 섬기기 위해 예수님을 따라가면 예수님이 거하실 천국까지 따라가게 된다.**

> (요 12:25-26) "자기의 생명(영혼)을 사랑하는 자는 잃어버릴 것이요 이 세상에서 자기의 생명(영혼)을 미워하는 자는 영생하도록 보전하리라 사람이 나를 섬기려면 나를 따르라 나 있는 곳에 나를 섬기는 자도 거기 있으리니 사람이 나를 섬기면 내 아버지께서 그를 귀히 여기시리라"

예수님을 믿는다는 것은 세상에서 자기에게 소중한 것(목숨, 인생 등)에 우선순위를 두지 않는다는 것이다. 자기 생명을 미워한다는 것이 생명을 예수님보다 후순위에 둔다는 뜻이 아니겠는가? 그렇게 될 때에 주님 계신 곳에 나도 있을 수 있다. 주님을 마음으로 섬기는 것이 곧 영생의 지름길이다.

물론 예수님을 모시고 예수님을 따라가는 그곳이 바로 지상천국이다. 지상천국은 하늘나라의 모델하우스이다. 지상천국이라고 무조건 행복한 것이 아니라 예수님을 모심으로써 행복해지는 것이다. 예수님과 함께 하는 곳은 어디나 천국이어야 한다.

## 묵상과 적용

1. 나는 지금 예수님께서 계신 곳에 함께 있는가, 아니면 예수님과 동떨어져서 사람들 가운데 있는가?

2. 예수님과 떨어져있다면 그 예수님의 말씀이 재대로 들리는가, 아니면 거의 들리지 않는가?

3. 내가 예수님 계신 곳이 아니라 세상 속에 있다면 그 이유는 무엇이라고 생각하는가?

4. 예수님 우선주의는 예수님의 말씀대로 행하려는 결단이다. 나는 적당히 믿는가, 아니면 예수님과 동행하기를 원하는가?

5. 예수님은 지금 천국과 지상의 중간쯤 계시는 것은 아닌가? 나의 마음에는 예수님이 몇 %나 차지하고 계시는가?

## 71. 예수님의 눈길

**주님 계신 곳은 주님의 눈길이 가는 곳, 주님의 발걸음이 닿는 곳이다.**

(요 12:26) "사람이 나를 섬기려면 나를 따르라 나 있는 곳에 나를 섬기는 자도 거기 있으리니 사람이 나를 섬기면 내 아버지께서 그를 귀히 여기시리라"

예수님 계신 그곳에서 예수님과 동행하면 겉으로는 천해보이고 미친 것처럼 보일 수 있어도 하나님은 귀하게 여기신다. 어떤 곳이 예수님이 주로 계신 곳일까? 예수님의 눈길이 가는 곳이 우리들이 있을 곳이다. 먼저 그것부터 생각해봐야 한다.

물론 예수님은 소외된 사람들, 가난한 사람들, 버림받은 사람들이 있는 곳에 함께 계신다. 그러나 오해는 말아야 한다. 소외되고 가난한 사람들이라고 해서 예수님이 무조건 그들의 편이라는 말은 아니다. 그들은 마음이 낮추어진 사람들이므로 복음을 더 순수하게 받아들일 수 있는 사람들이라는 뜻이다. 주님은 그들을 천국으로 인도하시려는 것이다. 바꾸어 말하면 심령이 가난한 사람들을 주님은 찾으시는 것이다.

## 묵상과 적용

1. 나는 예수님의 눈길이 가는 곳을 얼마나 바라보고 있는가?

2. 예수님의 발걸음이 갈 만한 곳임에도 그곳을 피해서 돌아가지는 않는가?

3. 예수님의 눈길로 함께 바라보지 못하는 가장 큰 이유는 무엇인가? 믿음 없음인가, 사명인가?

4. 물론 예수님은 예배의 대상이시다. 그러나 참된 예배는 예수님의 발걸음과 함께 하는 것이다. 지금 예수님과 함께 하는가?

5. 이웃을 자기 자신과 같이 사랑하는 것이 예수님을 섬기는 것이다. 예수님을 진정으로 예배하는가?

# 72. 결코 바리새인화되지 말라.

**사람의 영광을 하나님의 영광보다 더 사랑하는 사람은 아직 기독교 신앙인이 못된다.**

(요 12:42-43) "그러나 관리 중에도 그를 믿는 자가 많되 바리새인들 때문에 드러나게 말하지 못하니 이는 출교를 당할까 두려워함이라 그들은 사람의 영광을 하나님의 영광보다 더 사랑하였더라"

예수님을 믿으면서도 출교 당할까봐 두려워하는 바리새인들 역시 바리새인이다. 왜냐하면 바리새인들은 사람의 영광을 하나님의 영광보다 더 사랑하는 사람들이기 때문이다. 그리고 오늘날에는 아예 그런 특성이 일반화되어 이 땅에서의 이기적, 자기중심적 신앙이 판을 치고 있는 것처럼 보여서 참 안타깝다.

바리새인들의 문제는 오늘날에도 여전히 우리의 문제이다. 누가 자신 있게 하나님의 영광만을 사랑한다고 말할 수 있겠는가? 물론 우리가 바리새인과 같다는 말은 아니다. 다만 세상이 두려워서 혹은 불이익이 올까봐 말씀대로 살지 못한다면 과연 그리스도인이라고 할 수 있는가 하는 문제가 남아있을 뿐이다.

## 묵상과 적용

1. 나는 보이지 않는 하나님의 영광을 더 사랑하는가? 아니면 눈앞에 보이는 사람의 영광을 더 사랑하는가?

2. 사람들이 나의 기대만큼 나를 알아주지 않을 때 나는 얼마나 실망하는가?

3. 하나님의 영광을 구한다면서 유명해진 사람은 위험하다. 혹시 그런 유명한 사람이 되고 싶은 것은 아닌가?

4. 바리새인들은 자기의 영광만을 구한 사람들이다. 혹시 나도 모르는 사이에 바리새인화되어 있는 것은 아닌가?

5. 자기 사역을 홍보하고 자랑하기를 좋아한다면 바리새인화된 것이다. 어떻게 벗어날 수 있겠는가?

## 73. 불신의 언어를 금한다.

**내가 뱉은 말이 올무가 되기도 하고 상급이 되기도 한다.**

(요 12:48) "나를 저버리고 내 말을 받지 아니하는 자를 심판할 이가 있으니 곧 내가 한 그 말이 마지막 날에 그를 심판하리라"

우리는 정말 말조심을 해야 한다. 자신이 내뱉은 말 때문에 그것이 올무가 되어 심판을 받게 된다. 청문회에서도 과거에 자신이 한 말들 때문에 걸림돌이 되지 않는가? 사람의 사회에서도 그러한데 하나님의 심판 앞에서야 어떻겠는가? 말은 한번 뱉으면 결코 거두어들일 수 없다. 세상에서는 서류나 기록이 증거가 되지만 하늘에서는 그의 말이 증거가 된다.

그래서 나의 지금의 현실은 과거의 나의 말의 결과일 수 있다. 말은 말한 사람조차도 잊어버리지만 하늘에는 전부 기록되어 있다. 긍정의 힘이 아니라 하나님의 말씀을 아멘으로 받으면 언제인가는 그 말씀이 내게 이루어진다. 부정적인 언어가 문제일 수 있겠으나 더 큰 문제는 하나님의 말씀을 부정하는 말들이다. 말씀이 곧 하나님이시기 때문이다.

## 묵상과 적용

1. 나는 부정적인 언어를 주로 사용하는가? 아니면 긍정적인 언어를 주로 사용하는가?

2. 부정적인 말이든 긍정적인 말이든 불신의 말이 될 수 있다. 나는 하나님의 귀를 얼마나 의식하면서 살고 있나?

3. 무조건 긍정적인 말이 좋은 것은 아니다. 하나님을 의식하는 진정이 담겨있어야 한다. 나의 언어는 진정성이 있는가?

4. 그래서 남을 비판하면 안 된다. 나는 사람들을 많이 칭찬하는가? 아니면 많이 비판하는가?

5. 우리의 언어가 오히려 상급이 되기도 한다. 나는 믿음의 언어를 구사하기 위해 어떻게 해야 하겠는가?

# 74. 말씀의 심판

**마지막 심판은 말씀을 받는 태도에 대한 말씀의 심판이다.**

(요 12:48) "나를 저버리고 내 말을 받지 아니하는 자를 심판할 이가 있으니 곧 내가 한 그 말이 마지막 날에 그를 심판하리라"

마지막 날의 심판은 예수님이 아니라 예수님의 말씀이 하신다. 그러므로 예수님의 말씀에 목숨을 걸 각오가 되어야 한다. 물론 그 말씀대로 행하는 것에 집중해야 한다. 그러므로 말씀을 얼마나 많이 정확하게 아느냐를 가지고 심판하는 것이 아니라 그 알고 있는 말씀을 어떻게 드러내었느냐를 가지고 심판한다. 곧 말씀이 행함으로 드러나야 그 말씀이 살아있는 말씀이 되는 것이다. 그것을 예수님의 말씀이 심판하는 것이 말씀의 심판이다.

그것은 불신자들이란 말씀을 믿지 않는 사람들이라는 사실을 생각하면 쉽게 이해될 것이다. 말씀을 전혀 믿지 않는 사람들이 지옥에 간다면 말씀을 받지 않는 사람들을 심판하시는 것은 너무나도 당연한 일이다. 그리스도인이 세상을 살면서 가장 초점을 맞추어야 할 부분은 말씀을 살아있는 음성으로 들으려는 노력이다. 왜냐하면 언제인가는 우리가 그 말씀 앞에 서야 하기 때문이다.

## 묵상과 적용

1. 말씀이 나를 심판한다는 사실은 충격적일 수 있다. 말씀을 심판의 주인으로 생각한 적이 있었는가?

2. 말씀이 나를 심판한다면 내가 말씀을 얼마나 많이 아는가 하는 점이 기준이 될 수 있겠는가?

3. 말씀의 심판을 대비하기 위해서 내가 성경을 많이 공부하고 신학을 더 연구해야 하겠는가?

4. 말씀의 심판에서 자유롭기 위해 나는 무엇에 중점을 두고 신앙생활을 해야 하겠는가?

5. 말씀이 내 속에 살아있지 못하면 말씀의 심판을 받을 것이다. 살아있는 말씀의 지배를 받으려면 무엇을 해야 하겠는가?

# 75. 참사랑의 조건

**가룟 유다의 세족식을 보면 그리스도인이 최선을 다하여 섬겨도 배반당할 수 있다는 것을 알 수 있다.**

(요 13:5) "이에 대야에 물을 떠서 제자들의 발을 씻으시고 그 두르신 수건으로 닦기를 시작하여"

예수님은 가룟 유다의 발도 함께 씻기셨다. 제자들은 은혜를 자기 목숨으로 갚았지만 가룟 유다는 원수로 갚았다. 우리의 사역이나 삶 중에서 하나님의 일과 관련하여 원수로 갚는 사람이 반드시 나타나게 되어 있다. 이것을 인지하고 있으면 원수로 갚음을 당하더라도 당연하게 여길 수 있을 것이다.

물론 예수님은 전부 아시면서 똑같이 유다의 발을 씻겨주셨다. 그리스도인의 의무는 누구나 똑같이 섬겨주는 것이다. 받을 것을 생각하면서 섬기는 것이 아니라, 장래를 생각하면서 섬기는 것이 아니라 지금 현재 내 앞에 있는 한 사람을 섬기는 것이다. 그래서 장래가 기대되는 사람보다는 아무 보답도 기대할 수 없는 사람을 섬기는 일에 더욱 관심을 기울여야 하는 것이다.

## 묵상과 적용

1. 누가 택함 받았는지 모르는 것은 이웃을 똑같이 섬기도록 하기 위함이다. 나는 누구나 동일하게 대하려고 애를 쓰는가?

2. 똑같이 이웃을 섬기지 않으면 우리의 진심은 사라질 수도 있다. 나는 이웃의 조건에 따라 차이를 두는 편인가?

3. 가룟 유다를 배반자라고 하지만 우리는 십자가에서 나를 위해 죽으신 예수님을 얼마나 자주 배반하는가?

4. 예수님의 사랑의 특징은 '끝까지 사랑'이다. 나는 형제나 이웃을 끝까지 사랑하려는 마음을 얼마나 가지고 있는가?

5. 보상을 기대할 수 있는 사람보다 기대할 것이 전혀 없는 사람을 섬겨야 한다. 얼마나 자주 그렇게 하는가?

# 76. 영광의 시점

**가룟 유다의 배신이 예수님과 하나님께 영광이 되었다. 내가 사명 때문에 어려움을 당하면 하나님께서 영광을 받으신다.**

(요 13:31) "그가 나간 후에 예수께서 이르시되 지금 인자가 영광을 받았고 하나님도 인자로 말미암아 영광을 받으셨도다"

가룟 유다가 예수님을 넘겨주려고 밖으로 나갔을 때 예수님은 이미 영광을 받으셨다. 사건이 일어난 때와 하나님께서 영광을 받으신 때에는 시간차가 존재할 수 있다. 사람이 느끼지 못하더라도 하나님은 우리들 때문에 영광을 받으실 수 있다는 사실을 기억하자. 가룟 유다의 의도에서 이미 영광을 받으셨다면, 복음의 선한 의도를 행하기 시작할 때 이미 예수님은 영광을 받으신다.

물론 우리가 사명을 끝까지 감당한다는 전제가 있다면 우리도 하나님의 일을 시작할 때 이미 영광을 받은 것이다. 그 영광은 전적으로 하나님께로부터 비롯되는 것이다. 하지만 사람에게 영광을 받으려고 하면 하나님은 영광을 거두어 가신다. 고난과 역경 중에도 하나님의 일을 감당하고 있다면 이미 하나님께 영광을 돌려드린 것이다. 우리의 진심이 하나님 영광의 시점을 결정한다.

## 묵상과 적용

1. 내가 사명 때문에 당하는 엄청난 고난을 잘 견디고 있을 때 하늘에서는 무슨 일이 벌어지겠는가?

2. 가룟 유다의 배반이 예수님께 수치가 될 것 같은데 어떻게 하나님께 영광이 되겠는가? 고난 때문인가, 승리 때문인가?

3. 하나님의 영광 이후에 예수님의 고난이 시작되었다. 나로 인하여 하나님께서 이미 영광을 받으실만한 일이 있는가?

4. 그러나 하나님께서 받으신 영광은 부활 이후에 완전히 성취된다. 나는 지금 최후의 영광을 향하여 나아가고 있는 것인가?

5. 그런데 이미 받으신 하나님의 영광을 사람들로부터 받아버리면 하나님의 영광은 사라진다. 혹시 그런 상태가 아닌가?

# 77. 그리스도의 증거

**예수님이 행하신 일은 예수님이 그리스도라는 충분한 증거가 되고도 남는다.**

(요 14:11) "내가 아버지 안에 거하고 아버지께서 내 안에 계심을 믿으라 그렇지 못하겠거든 행하는 그 일로 말미암아 나를 믿으라"

자유주의자들은 '역사적 예수' 연구를 통하여 예수님의 신성을 부인하는 사람들이다. 육의 눈으로는 부인할 수밖에 없다. 그러나 예수님 말씀처럼 주께서 행하신 일들을 보면 주님을 믿을 수 있다. 믿게 되는 과정과 신앙생활 중에 경험한 일들, 놀라우신 성령님의 임재 등 나와 주변에 나타내어주신 일들을 보면 예수님이 그리스도이심을 믿을 수 있다.

아무리 예배 잘 드리고 사역을 열심히 해도 예수님과 관계없는 사람들은 예수님의 역사하심을 체험할 수도 없고 믿을 수도 없다. 성령님의 능력으로 믿음의 눈이 열리지 않으면 하나님의 아들이신 예수님을 절대 만날 수 없다. 예수님을 그리스도로 믿지 않으면 기독교는 한낱 사상에 불과하다.

## 묵상과 적용

1. 오늘날 교회가 비판이 대상이 되지만 동시에 살아있는 믿음이 점차 희미해져 간다. 나는 얼마나 확신하고 있는가?

2. 예수께서 그리스도이심은 행하신 일들을 통해 증명이 된다. 우리들의 믿음은 어떻게 증명되겠는가?

3. 나의 삶은 예수님이 그리스도라는 사실을 충분히 증명할 만큼 살고 있는가?

4. 내가 예수님 안에 있고 예수님이 내 안에 계신다면 나는 하나님의 지배를 얼마나 강하게 받고 있는가?

5. 내가 그리스도를 믿는 확신을 행동으로 보여주지 못하는 가장 큰 이유는 무엇인가?

# 78. 기도응답의 목적

**기도응답은 하나님께서 영광을 받으시기 위한 하나님의 반응이다.**

(요 14:13) "너희가 내 이름으로 무엇을 구하든지 내가 행하리니 이는 아버지로 하여금 아들로 말미암아 영광을 받으시게 하려 함이라"

기도에 응답하시는 이유는 예수님으로 말미암아 하나님께서 영광을 받으시기 위함이다. 영광을 하나님이 아니라 자기가 받는 사람은 하나님의 영광을 가로채는 사람이므로 용서받지 못할 것이다. 무슨 기도든지 반드시 응답해주시는 것이 아니다.

물론 하나님은 우리의 기도를 들으시고 반드시 응답해 주신다고 강조하는 경우가 많다. 그러나 전체적인 방향으로 보았을 때 예수님으로 인하여 하나님께서 영광을 받으시는 일이 아니라면 하나님은 응답해주지 않으신다. 무슨 일이든지 포기하지 않고 끝까지 기도하면 응답해주시는 것이 아니라 주님의 말씀을 믿는 믿음 안에서 주님의 뜻의 테두리 안에서 신실하게 끝까지 기도하면 반드시 들어주시는 것이다. 기도를 강조하기 전에 내가 하고자 하는 일이 하나님의 뜻 안에 있는지 먼저 분별하게 해야 한다.

## 묵상과 적용

1. 무슨 기도든지 끝까지 하기만 하면 반드시 응답하신다는 믿음을 어떻게 생각하는가?

2. 나의 기도에 응답해주시는 목적이 1차적으로 하나님의 영광이라는 사실을 인식하고 있었는가?

3. 나의 기도가 하나님께 영광이 되지 못하면 하나님은 응답해주시겠는가?

4. 내가 기도를 시작하기 전에 우선 하나님께 영광이 되려면 나는 무엇을 버릴 수 있어야 하겠는가?

5. 하나님의 기도응답을 자랑하는 듯한 태도를 보일 때 하나님은 영광을 받으시겠는가?

## 79. 성령은 말씀을 통하여

**성령님은 우리 안에 말씀으로 거하신다. 말씀대로 살려고 하는 사람을 통하여 성령님은 강하게 일하신다.**

> (요 14:17) "그는 진리의 영이라 세상은 능히 그를 받지 못하나니 이는 그를 보지도 못하고 알지도 못함이라 그러나 너희는 그를 아나니 그는 너희와 함께 거하심이요 또 너희 속에 계시겠음이라"

성령님은 사람들이 볼 수도 없고 만질 수도 없고 존재 자체도 알 수 없다. 그러나 하나님의 자녀들은 성령을 알 수 있는데 왜냐하면 자녀들 속에 오셔서 그 안에 거하시기 때문이다. 그것은 하나님의 말씀이 들리느냐 안 들리느냐의 여부로 분별할 수 있다.

하지만 하나님의 말씀이 들리는지 안 들리는지 어떻게 분별할 수 있을까? 엄밀하게 이야기해서 하나님의 말씀을 제대로 듣는 사람들은 소수에 불과하다. 말씀을 자기중심적으로 읽기 때문이다. 이것을 깨려면 말씀실천을 통하여 체험적으로 말씀을 들을 수 있어야 한다. 재물의 일부라도 나눈 적이 없는데 어떻게 버림이라는 것을 알 수 있겠는가? 성령님은 은사를 통해서가 아니라 순종을 통하여 일하실 때가 많다.

## 묵상과 적용

1. 나는 신비한 음성을 따라가는 편인가, 하나님의 말씀을 따라가는 편인가?

2. 성령님의 임재와 지시를 더 분명하게 깨닫기 위해 나는 어떤 노력을 기울이고 있는가?

3. 성령님의 신비한 능력보다 말씀을 제대로 아는 것이 훨씬 중요하다. 나는 말씀을 너무 나 중심적으로 보는 것은 아닌가?

4. 말씀을 가르치기 위해 보면 오히려 하나님의 음성을 놓칠 수 있다. 나에게 주시는 말씀을 듣기 위해 어떻게 하고 있는가?

5. 머리로 깨닫기만 하는 말씀보다 실천과 행함을 통한 체험이 살아있는 말씀이 된다. 나는 얼마나 말씀 그대로 순종하는가?

## 80. 충분히 거하시는가?

**신앙인은 주 안에 있을 때 신앙인으로 보인다. 어쩌다가 주 밖에 있으면 신앙인으로 보이지 않는다.**

(요 14:20) "그 날에는 내가 아버지 안에, 너희가 내 안에, 내가 너희 안에 있는 것을 너희가 알리라"

주님은 하나님 안에 계시고 우리는 주님 안에 있고 주님께서 우리 안에 계시는 줄을 성도는 알 수 있다. 모르는 사람은 어떻게 해도 알 수 없다. 성도는 하나님의 말씀을 들을 수 있지만 다른 사람들은 이해할 수가 없다. 그것을 이해할 수 없는 사람들은 예수님을 혁명가, 개혁가로만 볼 뿐이다.

엄밀한 의미에서 그리스도인이란 예수님께서 성령으로 그 안에 거하시는 사람들이다. 성령께서 안에 계시면 말씀이 진리로 들린다. 그것은 일반논리로 설명되거나 이해될 수 없는 일들이 믿어지는 것이다. 알다시피 예수님은 믿어지니까 믿는 것이다. 논리적으로 믿으려고 한다고 해서 저절로 믿어지는 것은 아니다. 믿어지지 않으면 성경을 억지로 풀려고 애를 쓰게 될 뿐이다.

## 묵상과 적용

1. 예수님은 이미 성령님으로 우리 안에 거하신다. 내 안에 거하시는 주님은 얼마나 큰 부분을 차지하고 계시는가?

2. 나는 왜 주님께서 충만하게 내 안에 거하시도록 해드리지 못하고 있는가?

3. 주님께서 내 속에 충만하시기 위해 내가 가장 시급하게 비워야 할 점은 무엇이겠는가?

4. 지금 많은 성도들 안에 충분히 거하지 못하실 것이다. 지금의 기독교가 이 점에서 무엇이 잘못되어 있는가?

5. 신학과 각종 말씀 프로그램을 어떻게 보완해야 주님께서 우리 안에 충만하게 거하시겠는가?

# 81. 진정한 예배

**그리스도인은 자신을 통하여 예수님이 나타나시게 하는 일에 헌신되어야 한다.**

> (요 14:21) "나의 계명을 지키는 자라야 나를 사랑하는 자니 나를 사랑하는 자는 내 아버지께 사랑을 받을 것이요 나도 그를 사랑하여 그에게 나를 나타내리라"

예수님이 우리 삶에 나타나시게 하려면 예수님의 계명을 지켜야 한다. 곧 하나님 사랑과 이웃사랑이다. 어려운 일이지만 기독교의 본질은 원래 하나님 사랑, 이웃사랑이라는 사실을 알아야 한다. 사랑하면 방법은 만들어지게 된다.

일반적으로 교회에서는 하나님 사랑을 강조한다. 그래서 교회생활을 신앙생활로 생각할 만큼 교회 내적인 활동들에 치중한다. 하지만 성경은 하나님 사랑과 이웃사랑에 똑같은 비중을 둔다. 이웃사랑은 물론 성도들을 포함하지만 성도사랑에 그치면 안 된다. 교회 밖 사람을 자기 자신처럼 사랑해야 하는 이유는 그들에게 예수님을 나타내야 하기 때문이다. 그것은 예배나 찬송이나 기도만큼 진정한 예배가 되는 것이다.

## 묵상과 적용

1. 나는 말로 드러내는 만큼 행동으로 예수님을 드러내고 있을까?

2. 나는 교회생활에서만큼 삶에서 예수님을 드러내고 있을까?

3. 행동이나 삶으로 예수님을 많이 드러내지 못하는 가장 핵심적인 요인은 무엇이겠는가?

4. 나는 하나님을 사랑하는 삶의 몇 %나 이웃사랑을 실천하고 있는가?

5. 이웃을 사랑하고 섬기는 일은 진정한 삶의 예배이다. 삶의 예배를 점수로 본다면 나는 몇 점이나 되겠는가?

## 82. 말씀에 대한 오해

**참사랑은 말씀을 지키는 것을 넘어서 말씀과 함께 있으려고 하는 것이다.**

(요 14:24) "나를 사랑하지 아니하는 자는 내 말을 지키지 아니하나니 너희가 듣는 말은 내 말이 아니요 나를 보내신 아버지의 말씀이니라"

아무리 입으로 예수님을 사랑한다고 외치거나 예배를 뜨겁게 드리는 사람일지라도 말씀을 무시하고 지키지 않는 사람은 예수님을 사랑하지 않는 사람이다. 주님을 사랑하는 사람은 주님의 마음을 알아야 하고, 주님의 마음을 알 때 하나님의 말씀이 비로소 작동되기 시작하는 것이다.

하지만 너무나도 많은 사람들이 하나님의 말씀을 자기 속에 가두어두고 있다. 아니면 우주인 헬멧처럼 자기를 자기 속에 가두고 있다. 어떻게 하면 그 틀을 깨버릴 수 있을까? 그것을 깨지 않으면 결코 변화되지 않는다. 그들은 왜 그렇게 고착되었을까? 아무래도 신앙생활을 시작할 때 첫걸음이 중요한 것 같다. 누구의 책임이라고는 할 수 없지만 성령님의 강력한 섭리만이 해결하실 수 있을 것 같다.

## 묵상과 적용

1. 말씀을 지킨다는 것은 말씀이 의도하는 바를 행한다는 뜻이다. 나는 말씀 속에서 예수님의 마음을 읽으려고 애쓰는가?

2. 말씀을 제대로 지키려면 늘 말씀과 함께해야 한다. 나는 말씀과 동행하는 삶을 어느 정도나 살고 있는가?

3. 바리새인들은 말씀(율법)을 잘 지켰지만 전혀 지키지 못했다. 혹시 나도 예수님의 마음을 잊고 있는 것은 아닌가?

4. 교회에서 행해지는 말씀(제자)훈련에는 결정적으로 무엇이 결여되어 있겠는가?

5. 살아있는 말씀, 곧 예수님의 마음으로서의 말씀을 더 깊이 알려면 어떻게 하는 것이 좋겠는가?

# 83. 영혼의 청결이란

**영적인 깨끗해짐이란 주님과 나 사이에 걸림이 될 만한 것을 지속적으로 제거하는 것이다.**

> (요 15:2) "무릇 내게 붙어 있어 열매를 맺지 아니하는 가지는 아버지께서 그것을 제거해 버리시고 무릇 열매를 맺는 가지는 더 열매를 맺게 하려 하여 그것을 깨끗하게 하시느니라"

주께 붙어있어도 열매를 맺지 못할 수 있다. 예수님께 붙어있는 우리 자신을 끊임없이 깨끗하게 만들어야 열매를 맺을 수 있다. 크고 많고 좋은 것이 아니라 깨끗하게 하는 데 초점을 맞추어야 하나님께서 나를 통하여 많은 열매를 거두실 수 있다. 다른 수액이 아니라 그 나무의 수액만이 많은 열매를 보장한다. 끊임없이 수액을 공급받아야 한다. 그러려면 깨끗해야 한다.

그런데도 크고 많고 좋은 것에 자꾸 초점을 맞추게 된다. 그것이 번영신학이 아닌가? 성공주의가 아닌가? 하지만 이제는 빈곤의 시대는 지나갔다. 이제는 복음이 깨끗해져야 할 때이다. 번영을 위한 복음이 아니라 주님과의 동행이어야 한다.

## 묵상과 적용

1. 하나님과 나 사이를 가로막거나 훼방하는 모든 요소들에는 어떤 것이 있는지 이야기해보라.

2. 욕심이나 문제들이 나와 하나님의 사이를 방해할 때 나는 어떤 식으로 벗어나고 있는가?

3. 열매가 적은 것은 열심이 없어서가 아니라 깨끗하지 못하기 때문이다. 나의 영적 청결도는 몇 %나 되겠는가?

4. 혹시 커지고 성공하는 것에 모든 초점을 두고 있는 것은 아닌가? 그것은 하나님과 멀어지는 지름길이다.

5. 나는 현재 열매를 맺고 있는 가지인가? 혹시 주인이 열매가 없다고 제거하실 대상은 아닌가?

# 84. 이미 깨끗해짐

**영적인 깨끗해짐의 도구는 말씀에 대한 믿음이다.**

(요 15:3) "너희는 내가 일러준 말로 이미 깨끗하여졌으니"

깨끗해진다는 것은 말씀을 제대로 받아들인다는 것과 같은 말이다. 말씀을 순수하게 100% 동의하고 의지하는 곳에 역사가 일어난다. 결국 그리스도인의 모든 핵심은 하나님의 말씀이다. 말씀을 어떻게 받느냐에 따라 풍성한 열매를 거두기도 하고 아예 나무에서 떨어져 나가버리기도 한다.

그러면 어떻게 말씀을 말씀되게 하고 그 말씀을 100% 믿게 할 수 있을까? 물론 그 말씀을 읽을 때 성령께서 조명하심으로써 깊은 영적 깨달음을 얻을 수 있다. 말씀을 제대로 이해하려면 성령님의 도움이 가장 확실한 방법이다. 다만 다른 한 가지를 더 말한다면 말씀을 체험하는 것이다. 말씀대로 실천해보고 경험해 보는 것이다. 인위적인 방법 같지만 말씀의 본래 의미를 이해하는 데는 이것보다 더 확실한 방법은 없을 것이다.

## 묵상과 적용

1. 이미 깨끗하게 하셨는데도 왜 나는 자꾸 세상적인 일의 영향을 계속 받고 있는가?

2. 혹시 성공과 물질에 집중하는 기독교인은 구원을 받은 사람인가? 이미 깨끗해졌는데 왜 그렇겠는가?

3. 말씀을 믿는다고 하면서 말씀과는 거리가 멀다면 그는 말씀을 믿는 사람이 아니다. 나는 어느 정도인가?

4. 말씀을 잘 알고 공부도 많이 했는데도 말씀대로 행치 않는 것은 왜 그렇다고 생각하는가?

5. 말씀대로 깨끗해짐을 유지하기 위해서 내가 가장 중점적으로 행해야 할 점은 무엇인가?

## 85. 기도만능주의

**기도만능주의는 우리가 주님 안에 거하고 주의 말씀이 우리 안에서 살아 있을 때로 한정된다.**

> (요 15:7) "너희가 내 안에 거하고 내 말이 너희 안에 거하면 무엇이든지 원하는 대로 구하라 그리하면 이루리라"

말씀이 우리 안에 거할 때 우리가 원하는 무엇이든지 얻을 수 있다. 하지만 말씀이 우리 안에 거할 때는 우리의 소원도 거룩해지는 것이다. 그러니까 이루어질 수밖에 없다. 그러나 자기는 가만히 앉아서 무조건 끝까지 기도만 하면 다 들어주신다는 믿음은 기도만능주의가 아닐 수 없다.

기도만능주의라고 하니까 혹시 거부감이 있을지도 모르겠는데, 기도는 무엇을 얻기 위한 또는 어떤 목적을 달성하기 위한 도구가 아니다. 만약에 그런 도구라고 생각하고 기도한다면 자꾸 기도를 강조하게 되고 기도가 만능이라고 주장하게 된다는 뜻이다. 물론 기도는 문제를 해결하기 위한 측면도 분명히 있지만 그것은 부분적인 것일 뿐이고, 기도의 진정한 의미는 하나님과의 친밀한 교제를 통하여 하나님과 동행하는 데 있는 것이다.

## 묵상과 적용

1. 모든 기도에 응답하신다는 믿음의 전제조건은 말씀 안에 거하는 것이다. 나는 말씀 안에 얼마나 거하고 있는가?

2. 문제가 생길 때 기도로 해결하려고 하는 것이 일반적이다. 그 기도를 드리기 전에 나는 무엇을 먼저 점검하고 있는가?

3. 혹시 문제해결을 위하여 장기간의 금식기도를 행한 적이 있었는가? 그것은 무조건 주님께서 기뻐하시는 일일까?

4. 무조건 기도에 집중하면 하나님께서 들어주신다는 믿음은 타종교에서 정성을 다하는 것과 어떻게 다른가?

5. 나의 기도에 전적으로 응답하시기 위한 나만의 전제조건은 무엇이겠는가?

# 86. 떨어지면 죽는다.

**붙어있어야 하는 것은 부담스러운 것 같지만 떨어지면 죽는다는 사실을 믿으면 어렵지 않다.**

> (요 15:8) "너희가 열매를 많이 맺으면 내 아버지께서 영광을 받으실 것이요 너희는 내 제자가 되리라"

열매라는 말은 언제나 부담이 된다. 열매를 많이 맺는 사람을 통해 하나님은 영광을 받으시고 그 사람은 주님의 제자가 된다. 열매를 많이 맺으려면 주님께 붙어있어야 한다. 사실 가장 힘들고 까다로운 말이다. 어떻게 하는 것이 붙어있는 것인가? 항상 주님 말씀을 기억하고 상황에 말씀을 적용시키며 주님의 뜻을 이해하고 주님을 사랑하는 것이다.

하지만 이 말은 붙어 있기 위해서 무슨 일을 특별히 해야 하는 것이 아니라 그냥 그리스도인으로 살면 된다는 것을 뜻한다. 물론 항상 주의 말씀을 가지고 살면 된다는 말은 쉬운 말은 아닐 것이다. 다만 사람이 당연히 움직이고 먹고 숨 쉬는 것처럼 그리스도인으로 자연스럽게 사는 것이다.

## 묵상과 적용

1. 나는 말씀에 붙어있기 위해 주로 어떤 방법을 사용하고 있는가? 읽기, 쓰기, 묵상, 연구, 실천, 순종, 체험 등.

2. 붙어있기만 하면 열매는 자연스럽게 열린다. 나는 정말로 항상 주님께 붙어있는가?

3. 붙어 있다는 말은 교회에만 있는다는 말은 아니다. 붙어있으면서 주로 내가 할 일은 어디에서 이루어지는가?

4. 우리는 왜 붙어있기가 어려운가? 자꾸 세상으로 나가려는 유혹이 생기는 이유는 무엇인가?

5. 말씀에 붙어있기 위해서는 떨어지면 죽는다는 절박감이 있어야 가능하다. 나는 얼마나 간절함으로 말씀에 붙어있는가?

## 87. 하나 됨은 생명이다.

**예수님은 이웃사랑 이전에 서로사랑을 요구하신다. 서로사랑의 힘으로 이웃을 사랑하는 것이다.**

> (요 15:9-10) "아버지께서 나를 사랑하신 것 같이 나도 너희를 사랑하였으니 나의 사랑 안에 거하라 내가 아버지의 계명을 지켜 그의 사랑 안에 거하는 것 같이 너희도 내 계명을 지키면 내 사랑 안에 거하리라"

포도나무 비유를 이야기할 때 우리의 포도나무 되시는 예수님께 붙어있어야만 한다는 말은 많이 한다. 여기에서 붙어있다는 것이 무엇을 뜻하는 것일까? 그것은 사랑 안에 거하는 것이고, 사랑 안에 거하는 것은 계명을 지키는 것이고, 계명은 주께서 우리를 사랑하신 것같이 우리도 서로 사랑하라는 것이다.

포도나무에 붙어 있다는 것은 우리끼리 서로 사랑하는 것이다. 그래서 신약교회는 계속하여 형제사랑을 이야기하고 있다. 성도 간에 하나 되는 서로사랑이 결여된다면 세상의 이웃을 사랑하기 어렵다. 서로사랑의 힘으로 섬기는 것이기 때문이다. 오늘날 교회와 그리스도인들의 하나 됨의 의식이 너무나도 부족하다. 서로 다른 하나님을 섬기는 것 같다.

## 묵상과 적용

1. 나는 같은 교회 안의 형제들을 얼마나 자기 자신을 사랑하는 것처럼 사랑하는가?

2. 서로사랑은 그리스도인의 정체성이어야 한다. 이웃사랑에 힘을 쏟으면서 서로사랑은 외면하는 이유는 무엇이겠는가?

3. 서로사랑은 주님의 사랑으로 사랑하는 것이다. 나는 얼마나 주님의 사랑에 붙어있는가?

4. 하나가 되라는 것은 의견통일이 아니라 자기 자신처럼 사랑하라는 것이다. 교회 안에 그 사랑이 충만한가?

5. 결국 서로사랑은 예수님의 사랑을 충만하게 채우라는 것이다. 그것을 위해서 내가 할 수 있는 일은 무엇인가?

## 88. 사랑과 계명

**사랑에 빠지면 사랑하는 사람의 말을 들어주게 되어 있다. 예수님을 사랑하자.**

(요 15:10) "내가 아버지의 계명을 지켜 그의 사랑 안에 거하는 것 같이 너희도 내 계명을 지키면 내 사랑 안에 거하리라"

마찬가지로 주님의 사랑 안에 거하는 방법도 주님의 계명을 지키는 것이다. 주님의 사랑 안에 거하는 일이든 주님께서 우리에게 나타나시는 일이든 먼저는 주님의 계명을 지키는 일로부터 시작된다. 그것은 주님을 사랑하기 때문이어야 한다.

물론 그 계명이라는 것은 마음과 뜻과 힘과 목숨을 다하여 하나님을 사랑하는 일과 이웃을 자기 자신처럼 사랑하라는 것이다. 모든 계명을 다 지켜도 이웃을 자기 자신처럼 사랑하지 못하면 전부 안 지킨 것이다. 이웃을 자신처럼 사랑한다는 것은 이웃의 입장에 서는 것을 넘어야 한다. 좋아하는 사람은 위로를 하려고 하고 사랑하는 사람은 함께 운다고 했던가? 물론 그 의미는 다양하게 해석되겠지만, 이웃사랑은 바로 내가 그 이웃이 되는 것이다. 그러면 결국 나 자신을 사랑하는 것이 된다.

## 묵상과 적용

1. 계명은 규율이나 법이 아니라 사랑하는 것이다. 혹시 전통에 묻혀 사랑을 잃어버리지는 않았는가?

2. 주님의 사랑 안에 거하면 사람들을 사랑의 눈길로 보게 된다. 나는 지금 교회와 세상을 어떤 눈으로 바라보고 있는가?

3. 나는 사람을 자주 용납하고 용서하는 편인가? 최근에 이웃의 잘못을 용납한 일은 무엇인가?

4. 주님을 사랑한다면 주님의 말씀이 얼마나 나의 가슴을 채우고 있는가?

5. 주님의 말씀이기 때문에 이해되지 않아도 순종한 경우가 있었는가? 어떤 경험을 할 수 있었는가?

## 89. 한 몸 의식

**완전한 교회의 모습은 서로사랑으로 하나가 될 때 비로소 드러나게 된다.**

(요 15:12) "내 계명은 곧 내가 너희를 사랑한 것 같이 너희도 서로 사랑하라 하는 이것이니라"

지금 기독교인들의 세대가 반드시 기억해야 할 것은 주님께서 우리를 사랑하신 것 같이 우리가 그 사랑으로 서로 사랑해야 한다는 것이다. 내가 다니는 교회 안에서만이 아니다. 내가 사는 지역에 있는 모든 그리스도인들에게 똑같이 해당되는 말이다. 그러므로 지역 안에서 교회와 그리스도인의 사랑의 연합은 기독교 개혁 중에서도 가장 시급한 일이 될 것이다.

세상에서는 동종 사업자들이 한마음이 된다. 지역에서는 주님의 교회들이 한마음이 되기가 거의 불가능하다. 목회자들 간에 보이지 않고 뚫을 수 없는 장벽이 있다. 연합운동이 잘 되는 것 같은데 반드시 일정한 거리를 둔다. 가까운 사람 몇몇은 있겠지만 대개 그 장벽을 뚫으려고 하면 거부해버린다. 서로사랑 의식, 한 몸 의식이 반드시 필요하다.

## 묵상과 적용

1. 세계의 모든 그리스도인들은 한 핏줄, 한 형제들이다. 이런 의식을 얼마나 가지고 있는가?

2. 지역 속의 교회들은 모두 한 형제들이다. 큰 교회는 왜 작은 교회들을 돕지 않는다고 생각하는가?

3. 지역의 교회는 엄밀한 의미에서 한 교회이다. 그렇다면 어려운 교회들을 돕는 것이 우선이 아니겠는가?

4. 주님의 마지막 소원은 형제들의 하나 됨이었다. 나는 왜 한 동네 교회와 성도들과 하나라는 생각을 하지 못하는가?

5. 교회는 하나이다. 이단이 아니라면 서로 도와야 한다. 지금 무엇 때문에 교회가 하나 되지 못하고 있겠는가?

## 90. 예수님의 친구

**예수님의 친구는 모든 것을 예수님과 함께 하는 사람이다. 예수님과 함께 하지 않으면 예수님의 친구가 아니다.**

(요 15:15) "이제부터는 너희를 종이라 하지 아니하리니 종은 주인이 하는 것을 알지 못함이라 너희를 친구라 하였노니 내가 내 아버지께 들은 것을 다 너희에게 알게 하였음이라"

우리는 하나님께서 하시는 일을 알고 있다. 세부적으로 어떤 일을 어떻게 하시는지는 구체적으로 알 수 없지만 일의 존재, 성격, 방향에 대해서는 잘 알고 있다. 지시만 받는 것이 아니라 일을 아는 것이다. 우리는 예수님의 종이 아니라 친구들이다. 그러므로 서로 사랑해야 한다. 주님께서 친구로서 우리를 사랑하신 것처럼 주님의 다른 친구들을 사랑하는 데 최선을 다해야 한다. 자신을 낮추고 상대를 높이고 상대를 도우려고 할 때 서로사랑이 이루어진다.

우리는 친구사랑의 본질을 이미 알고 있다. 주님께서 친구인 우리를 위해서 십자가에 달리신 것이다. 그렇게 서로사랑이 넘친다면 얼마나 좋을까? 서로 사랑해야 하는 이유는 주님께서 우리 모두를 위해 십자가를 지셨기 때문인 것이다.

## 묵상과 적용

1. 친구는 친구의 마음을 잘 안다. 나는 친구인 예수님의 마음을 얼마나 잘 알고 있는가?

2. 예수님의 마음을 잘 모르면서 친구라고 할 수는 없다. 내가 예수님의 마음을 깊이 이해하지 못하는 이유는 무엇인가?

3. 이미 예수님은 모든 것을 개방하셨다. 내가 예수님의 친구로서 존재하기 위해 해야 할 일은 무엇이겠는가?

4. 친구로서의 예수님의 마음을 더 깊이 알기 위해서는 말씀대로 행해보아야 한다. 나는 얼마나 실천하고 있는가?

5. 친구라면서 달라고만 하는 사람이라면 친구가 맞겠는가? 나는 먼저 드리는 편인가, 달라고 하는 편인가?

## 91. 열매의식

**나무의 할 일은 단지 살아 있는 것이다. 그러면 계속해서 열매를 거둘 수 있다.**

(요 15:16) "너희가 나를 택한 것이 아니요 내가 너희를 택하여 세웠나니 이는 너희로 가서 열매를 맺게 하고 또 너희 열매가 항상 있게 하여 내 이름으로 아버지께 무엇을 구하든지 다 받게 하려 함이라"

열매는 한 번 맺음으로 끝나는 것이 아니다. 우리에게는 항상 열매가 나타나야 한다. 아무리 과거에 큰 열매를 맺어도 지금 열매를 맺지 못한다면 아무런 역사도 일어나지 않는다. 나무가 살아있다면 반드시 매년마다 열매를 맺게 되어 있다. 열매 맺지 않는 나무는 죽은 나무밖에 없다.

본문에 열매가 있음으로 말미암아 아버지께 구하는 것을 다 받게 된다고 말씀하신다. 이것은 열매를 계속하여 맺을 수 있는 건강한 상태를 뜻한다. 열매를 맺으려면 나무에 붙어 있어야 한다. 예수님이라는 나무에 단단하게 붙어 있는 한 무엇이든지 기도하여 받을 수 있다.

## 묵상과 적용

1. 기도에 응답하시는 것은 열매를 위함이다. 열매의식을 얼마나 강하게 가지고 있는가?

2. 열매를 위해 내가 무엇인가를 해야 한다고 생각하면 열매는 없다. 하나님의 일을 할 때 나는 얼마나 내 힘으로 하려고 하는가?

3. 주님께서 일하시도록 나를 내려놓아야 열매가 생긴다. 나는 주님의 일을 하면서 얼마나 내 의지를 내려놓는가?

4. 열매가 맺히기 위해 나를 숨기거나 드러내지 않으려는 시도를 얼마나 자주 하는가?

5. 내 열매가 아니라 주님의 열매가 되도록 동역자를 내세우는 편인가?

# 92. 책망의 성령

**예수님의 책망을 들을 줄 아는 사람은 신앙인이요 들을 줄 모르는 사람은 하나님의 자녀가 아니다.**

> (요 16:8-11) "그가 와서 죄에 대하여, 의에 대하여, 심판에 대하여 세상을 책망하시리라 죄에 대하여라 함은 그들이 나를 믿지 아니함이요 의에 대하여라 함은 내가 아버지께로 가니 너희가 다시 나를 보지 못함이요 심판에 대하여라 함은 이 세상 임금이 심판을 받았음이라"

성령께서 하시는 일은 성도를 도우시는 일이지만 동시에 죄와 의에 대해 책망하시고 심판에 대해 가르쳐주신다. 주님의 제자들은 성령님의 책망을 잘 알아듣고 잘 받아들여야 한다. 건강한 그리스도인의 특징 중 하나가 책망을 받을 줄 안다는 것이다.

책망은 물론 말씀의 책망이다. 설교나 성경읽기나 기도를 통하여 말씀의 책망이 올 때 잘 받고 깨닫는 사람은 지속적으로 성장한다. 다만 책망을 회피하거나 모른 체하거나 가볍게 여기는 사람은 성경을 아무리 많이 읽어도 전혀 느낄 수 없다.

## 묵상과 적용

1. 성령님의 책망은 말씀의 책망이다. 말씀에서 나를 책망하는 구절을 발견하는 편인가, 거의 듣지 못하는 편인가?

2. 내가 말씀의 책망을 잘 듣지 못한다면 그 이유는 무엇이라고 생각하는가?

3. 신앙이 성장할수록 책망을 자주 느낄 것이다. 책망을 느낀다면 기도를 통해서인가 말씀을 통해서인가?

4. 말씀 속에서 다른 사람이 자꾸 발견된다면 성령님의 책망은 듣기 어려울 것이다. 나는 어떤 편인가?

5. 나에 대한 책망과 함께 세상을 향한 책망도 자주 들어야 한다. 나는 세상을 향한 책망을 얼마나 자주 듣고 있는가?

## 93. 해산의 고통 이후

**그리스도인은 영적인 기쁨을 위해 모든 고난을 감수하는 사람들이다.**

(요 16:21) "여자가 해산하게 되면 그 때가 이르렀으므로 근심하나 아기를 낳으면 세상에 사람 난 기쁨으로 말미암아 그 고통을 다시 기억하지 아니하느니라"

거듭난다는 것은 여자가 해산하는 일만큼이나 어려운 일이다. 비록 초점은 기쁨에 맞추어져 있지만, 우리가 쉽게(?) 예수님을 믿게 되었다고 해도 하나님께는 결코 쉬운 일이 아니었다는 것만은 분명히 기억해야 할 것이다. 예수님께서 생명까지 버리지 않으셨던가! 그래서 더욱더욱 우리의 구원에 감격해야 한다. 예수님의 죽음이라는 고통이 부활이라는 기쁨으로 열매를 맺기 때문이다.

단지 믿음으로 구원을 받을 수 있다고 해서 구원을 가볍게 여긴다면 그의 믿음은 구원받을 믿음은 아니다. 때로는 예수님의 십자가 고난이 겨우 이런 삶을 위하여 당하신 것일까 생각될 때도 있다. 예수님은 우리를 위해 십자가에서 죽기까지 하셨다. 우리는 주님을 위해 무엇을 드릴까를 생각해야 한다.

## 묵상과 적용

1. 해산 이후의 기쁨처럼 나는 구원에 대해서 얼마나 크게 감격하고 있는가?

2. 죽음과도 같은 고통 이후에 주님께서 주시는 기쁨으로 넘쳤던 기억이 있다면 이야기해보라.

3. 전도할 때는 주님의 고통 후에 올 기쁨을 생각하면서 끝까지 전하고 기도해야 한다. 얼마나 그 영혼을 생각하면서 전도하는가?

4. 예수님의 고통을 통하여 얻은 기쁨을 위해 나는 어떻게 노력하고 있는가? 예수님의 고난의 값어치만큼 애를 쓰고 있는가?

5. 예수님의 고난에 대해서는 아랑곳하지 않고 번영과 성공만을 바란다면 그는 그리스도인이 맞는가?

## 94. 예수쟁이란

**그리스도인은 삶의 모든 일을 예수 이름으로 하는 사람들이다.**

(요 16:26) "그 날에 너희가 내 이름으로 구할 것이요 내가 너희를 위하여 아버지께 구하겠다 하는 말이 아니니"

성령이 오심으로써 우리는 직접 하나님께 구할 수 있게 되었다. 다만 예수님의 이름에 대한 확신으로 구해야 한다. '예수'라는 '이름'이 곧 '예수님'이시다. 그러므로 예수님의 이름을 욕되게 만들지 않도록 정말 조심해야 한다. 기독교 안의 많은 문제는 예수님의 이름을 욕되게 만드는 것이고 우리 하나님의 이름을 망령되이 일컫게 만드는 것이다.

예수 이름으로 한다는 말은 좁게는 교회생활을 말하는 것이지만 넓게는 그리스도인으로서 세상을 살아가는 모든 모습들을 뜻한다. 그러니까 사람들이 나를 교회 집사로 알고 있다면 나는 모든 것을 예수 이름으로 하는 것이다. 완전한 사람은 없다. 예수쟁이로 열심히 노력하면서 살아가면 되는 것이다. 최소한 이런 의식이라도 있으면 좋겠다.

## 묵상과 적용

1. 교회 직분자로서 세상을 산다는 것은 예수 이름으로 사는 것이다. 나는 얼마나 이런 의식으로 살고 있는가?

2. 혹시 교회 성도라는 사실을 밝히고 싶지 않은 적이 있었다면 어떤 경우이겠는가?

3. 예수 이름으로 귀신을 쫓는 것은 예수 이름으로 세속의 욕심을 쫓는다는 뜻이어야 한다. 나는 이런 의식을 가지고 있는가?

4. 자선을 베풀거나 도움을 줄 때 나는 얼마나 예수님의 이름을 강조하는가? 혹시 자기 이름으로 하는 것은 아닌가?

5. 자기를 숨기고 싶을 때에도 우리는 예수 이름으로 행하는 것임을 잊지 말아야 한다. 이럴 때가 자주 있는가?

## 95. 정말 그리스도로 믿는가?

**예수님을 그리스도로 믿는 사람에게만 하나님의 사랑이 부어진다.**

(요 16:27) "이는 너희가 나를 사랑하고 또 내가 하나님께로부터 온 줄 믿었으므로 아버지께서 친히 너희를 사랑하심이라"

하나님께서 우리를 사랑하시게 하려면 하나님을 기쁘시게 해야 한다. 하나님을 기쁘시게 하는 일은 예수님이 하나님으로부터 오신 것을 굳게 믿는 것이다. 예수님을 개혁가로만 보는 것은 예수님이 하나님으로부터 오신 것을 믿는다고 하기에는 충분하지 못하다. 그렇다면 거기에 어떻게 복음이 성립되고 구원의 개념이 주어질 수 있겠는가?

하나님의 사랑을 받는 방법은 너무나도 당연히 예수님께서 하나님의 아들이심을 믿고 행하면 되는 것이다. 물론 육신의 아버지와 같은 그런 개념은 아니다. 단지 예수님이 하나님과 똑같은 신성을 가지셨다는 것을 믿는 것이다. 그렇지 않다면 위대한 사상가를 따르는 것과 별로 다르지 않을 것이다. 우리는 이 지상에 이상적인 체제를 만드는 것이 아니라 저 하늘을 향해 달려가는 사람들이다.

## 묵상과 적용

1. 교회에 다니면서도 예수님을 그리스도로 믿지 않는 성도들이 많을 것이다. 나는 얼마나 굳게 믿고 있는가?

2. 예수님을 그리스도로 믿는다는 것은 예수님의 십자가 고난과 육체의 부활을 믿는 것이다. 흔들리지 않는 믿음인가?

3. 예수님을 그리스도로 믿는다는 것은 말씀실천에 목숨을 거는 것이다. 나는 얼마나 순수하게 말씀에 순종하는가?

4. 예수님을 그리스도로 믿는 것은 예수님의 삶의 원리를 따라가는 것이다. 나는 얼마나 예수님을 따라가고 있는가?

5. 예수님을 그리스도로 믿는다는 것은 저 영원한 천국을 소망한다는 말이다. 나는 왜 이 땅의 것을 많이 소망하는가?

## 96. 담대함의 근거

**담대함의 근거는 이미 예수님께서 승리하셨음을 확고하게 믿는 것이다.**

(요 16:33) "이것을 너희에게 이르는 것은 너희로 내 안에서 평안을 누리게 하려 함이라 세상에서는 너희가 환난을 당하나 담대하라 내가 세상을 이기었노라"

환난을 당해도 담대할 수 있다. 왜냐하면 예수님께서 세상을 이미 이기셨기 때문이다. 우리에게 꼭 필요한 것은 예수님과 그 말씀에 대한 완전신뢰이다. 평안이라는 것은 완전히 믿고 의지할 수 있을 때 생기는 것이다. 어려운 일을 만나야 자기가 얼마나 하나님을 신뢰하는지 알 수 있다. 여기에서 환난이란 믿음으로 인하여 받는 고난이다. 비록 자기 허물 때문이라도 믿음을 위한 고난이어야 한다.

예수님께서 이미 이기신 싸움을 보는 것은 마치 녹화된 화면을 보는 것과 같다. 담대하지 못하고 평안하지 못한 것은 이미 이겨놓으신 싸움을 받아들이지 못하기 때문이다. 머리로는 알지만 가슴으로 받아들여지지 않는 것이다. 그래서 말씀이 하나님의 음성으로 들려야 하는 것이다.

## 묵상과 적용

1. 신앙인에게서 담대함을 빼면 힘없는 모습을 보일 뿐이다. 나는 얼마나 담대하게 세상을 향하고 있는가?

2. 혹시 세상의 물질이나 권세나 세력 앞에 주눅 든 적은 없었는가? 왜 그렇다고 생각하는가?

3. 예수님은 십자가 고난 앞에서도 당당하셨다. 어떻게 그러실 수 있으셨는가? 무엇을 알고 계셨는가?

4. 반드시 주님께서 이기게 하실 것을 믿는다면 우리는 담대할 수 있다. 얼마나 굳게 주님을 의지하고 있는가?

5. 세상의 성공이나 번영을 따르지 않으려면 담대해야 한다. 세상의 성공 쪽을 택하는가, 주님 위해 손해 보는 것을 택하는가?

# 97. 교회를 향한 예수님의 소원

**하나 됨을 위한 예수님의 기도는 이 땅의 교회를 향한 예수님의 소원이다.**

(요 17:9) "내가 그들을 위하여 비옵나니 내가 비옵는 것은 세상을 위함이 아니요 내게 주신 자들을 위함이니이다 그들은 아버지의 것이로소이다"

예수님의 마지막 기도는 세상을 위한 기도가 아니라 제자들을 위한 기도였다. 그리고 그 기도의 초점은 제자들이 하나 되는 것이다. 핵심은 하나 되는 것에 있다. 교단, 교파 다 떠나서 지역에 있는 교회, 목회자, 성도들이 연합하고 하나 되는 것이 주님께서 진정으로 바라시는 것이다.

예수님은 한국교회에 팽배해 있는 개교회주의를 얼마나 안타까워하실까? 차라리 천주교는 개교회주의가 없다. 개교회주의란 개교회 이기주의라고 할 수 있을 것이다. 어떻게 하면 이 개교회 이기주의를 조금이라도 깨뜨릴 수 있을까? 교회개혁에는 반드시 그 점이 들어있어야 한다. 그렇지 않으면 일시적인 흉내에 그칠 것이다.

## 묵상과 적용

1. 지역교회들이 하나가 되어야 예수님의 기도는 성취된다. 나는 교회들을 향하여 어떤 마음을 가지고 있는가?

2. 교회가 하나 되지 못하면 예수님의 기도는 사라질 것이다. 이웃 교회들과 하나가 되는 일에 얼마나 노력할 것인가?

3. 예수님의 마지막 기도는 세상을 위한 기도가 아니었다. 예수님은 왜 세상이 아니라 제자(교회)를 위해 기도하셨는가?

4. 예수님의 기도는 제자들이 하나가 되어 세상을 바꾸라는 뜻일 것이다. 나는 세상을 변화시키기 위해 무엇을 하고 있는가?

5. 예수님이 그렇게 기도하시는데도 오늘날 왜 개교회주의를 버리지 못하겠는가?

# 98. 삼위일체와 교회들

**삼위일체 하나님을 믿는 사람이라면 지상의 교회들이 하나라는 개념을 가지고 있어야 한다.**

(요 17:11) "나는 세상에 더 있지 아니하오나 그들은 세상에 있사옵고 나는 아버지께로 가옵나니 거룩하신 아버지여 내게 주신 아버지의 이름으로 그들을 보전하사 우리와 같이 그들도 하나가 되게 하옵소서"

제자들이 하나 되는 목표지점은 마치 삼위일체 하나님의 하나 되심과 같은 상태이다. 육적으로 물리적으로 불가능한 일이지만 성령으로는 그렇게 될 수 있다. 하나 됨이 얼마나 중요한 일인지 모른다. 하나 되지 못하면 결국 실패하게 되어 있다.

하나 됨의 이상적인 모습은 바로 삼위일체 하나님에서 찾을 수 있다. 하나 되어야 하는 여러 가지 이유들이 있지만 가장 본질적인 이유가 바로 삼위일체 하나님이시라는 것이다. 다른 이유는 다 부수적인 것일 뿐이다. 하나님과 예수님과 성령님이 한 분이듯이 교회도 하나이기 때문에 하나 되어야 하는 것이다. 제발 이런 의식을 조금이라고 가질 수 있기를 소원한다.

## 묵상과 적용

1. 지역 속의 교회들 간에 불미스러운 일이 생기면 나는 어떤 식으로 해결하려고 하는가?

2. 내가 담임하는 교회보다 더 약하고 가난한 교회들을 얼마나 자주 도와주었는가?

3. 성도로서 동네에 있는 교회에 대하여 나는 어떤 생각들을 가지고 있는가? 경쟁적으로 생각하는가, 협력적으로 생각하는가?

4. 지역교회가 하나 되지 못하는 이유 중 하나는 성도를 향한 경쟁일 것이다. 전도할 때 다른 교회와 부딪치면 어떻게 하는가?

5. 이웃 교회 목회자들과 성도들도 서로사랑의 대상이다. 얼마나 진정으로 사랑하고 있는가?

## 99. 세상에서의 보존

**살아있으려면 계속 숨을 쉬어야 하는 것처럼 신앙을 보전하려면 영적 운동을 계속해야 한다.**

(요 17:15) "내가 비옵는 것은 그들을 세상에서 데려가시기를 위함이 아니요 다만 악에 빠지지 않게 보전하시기를 위함이니이다"

예수님의 기도는 예수님으로 인하여 문제를 만나거나 어려움을 당할 때 그것을 피하거나 숨는 것이 아니라 싸워 이기거나 견뎌내는 것이며, 그 이겨내는 과정에서 넘어지지 않게 해달라는 것이다. 신앙은 피하는 것이 아니라 이기는 것이다. 그 위기를 피해버리면 영원히 성장하지 못한다.

기독교의 가장 큰 위기 가운데 하나는 인내할 수 있을 만큼 신앙이 자랄 수 있는 환경이 아니라는 것이다. 인내도 신앙이 어느 정도 성장한 성도가 할 수 있는 것이다. 그렇게 인내를 하면 또 한 단계 신앙이 성장하게 되지만, 인내의 열매를 알 만큼 성장하기 전에 신앙이 굳어져 버린다. 교회는 신앙성장에 모든 초점을 맞추어야 한다. 성도의 신앙성장을 목표로 하지 않는 목회는 주님의 기도와 맞지 않고 헛고생만 하는 것이다.

## 묵상과 적용

1. 악에 빠진다는 것은 범죄를 말하는 것이 아니라 불신을 말하는 것이다. 나는 악에 빠지지 않고 보존되고 있는가?

2. 자전거를 멈추면 쓰러지는 것처럼 나는 얼마나 영적 운동을 활발하게 하고 있는가?

3. 예수님의 기도가 나에게서 이루어지려면 나는 어떤 면을 가장 조심해야 하겠는가?

4. 잘 되고 복을 받는 것이 주님의 기도가 아니다. 나의 기도는 얼마나 주님의 기도와 일치하는가?

5. 혹시 나의 신앙은 어느 선에서 멈추어 있는 상태는 아닌가?

## 100. 어디 소속인가?

**우리의 소속은 저 하늘나라이다. 세상 속에서 하늘나라를 보여주는 것이 우리들의 할 일이다.**

(요 17:16) "내가 세상에 속하지 아니함 같이 그들도 세상에 속하지 아니하였사옵나이다"

(요 17:18) "아버지께서 나를 세상에 보내신 것 같이 나도 그들을 세상에 보내었고"

그리스도인들은 세상에 소속된 사람들이 아니다. 우리는 예수님께서 세상에 보내신 사람들이다. 우리는 우리를 보내신 주님의 말씀을 듣고 행하는 사람들이다. 당연한 말씀인데도 잊어버리거나 숨겨버릴 때가 많다.

세상의 정의와 공의를 세우기 위해 그리스도인들이 앞장서는 일도 필요할 때가 있다. 하지만 저 하늘에 속한 그리스도인들이 전부 세상에서 투쟁하는 일을 한다면 그 동안 하나님은 무엇을 하실 수 있을까? 세상을 심판하는 일은 하나님의 일이다. 그리스도인들은 세상의 구석구석에서 예수님의 제자로서의 섬기는 삶으로 본을 보여야 한다.

## 묵상과 적용

1. 우리의 소속은 저 천국이다. 나의 삶은 어디 소속인 것처럼 보이겠는가? 주의 일을 해도 마찬가지이다.

2. 경건하다고 하면서 세상에 속한 사람처럼 세속적일 수 있다. 나는 열심히 신앙생활하면서 이 땅의 것을 주로 구하는가?

3. 예수님은 이 땅에 복음을 전하러 오셨다. 예수님을 따르는 나의 삶의 주된 목표는 무엇인가?

4. 나는 예수님처럼 하나님으로부터 세상에 보내심을 받은 사람이다. 알고 있는 말씀의 몇 %나 실천하고 있겠는가?

5. 세상의 정의를 위해 싸우는 일과 이웃을 자기 자신처럼 사랑하는 일 중에 어느 것이 더 신앙인의 본분이겠는가?

## 101. 신앙인의 막중한 책무

**교회들의 하나 됨처럼 어려운 일도 없다. 진정 예수님의 말씀을 따르려는 사람들이 그만큼 적다는 뜻이다.**

> (요 17:20) "내가 비옵는 것은 이 사람들만 위함이 아니요 또 그들의 말로 말미암아 나를 믿는 사람들도 위함이니"

두말할 필요도 없지만 제자들이 하나 되기를 원하시는 주님의 뜻은 오늘날 그리스도인들도 하나 되는 것이다. 먼저 교회들끼리 마음을 열고 교제해야 하는데 현실적인 여건 때문인지 인식부족 때문인지 대부분 마음을 닫고 있다. 목사들이 연합하는 일이 가장 어렵다고 한다. 무엇이 목사를 그렇게 만들었는지 모른다.

예수님의 마지막 기도는 제자들뿐 아니라 그 후에 예수님을 믿는 모든 백성들을 위한 것이다. 모든 목사, 모든 장로, 모든 집사가 전부 하나 되는 것이 예수님의 기도제목이다. 한 지역에 교회가 여럿인 것은 어쩔 수 없겠지만 그 지역의 모든 기독교인들이 이 한 몸 의식을 가져야 한다. 한 지역의 교회와 성도들이 지역을 위해서 할 수 있는 일을 위해 기도하고 연구하여 함께 섬겨야 한다.

## 묵상과 적용

1. 나의 현재의 신앙은 미래의 인간의 신앙에 영향을 미친다. 나는 미래를 얼마나 바라보면서 신앙생활을 하고 있는가?

2. 기독교 선진국들의 교회는 너무나도 쇠퇴해있다. 그것을 보면서 적어도 이 땅에서 내가 할 수 있는 일은 무엇이겠는가?

3. 내가 세속적, 비기독교적 삶을 산다면 미래의 교회는 어떻게 되겠는가? 그럼에도 벗어나지 못하는 가장 큰 이유는 무엇인가?

4. 나의 신앙은 나의 미래를 결정할 뿐 아니라 우리의 미래까지 결정한다. 교회가 가장 힘을 쏟아야 할 부분은 무엇이겠는가?

5. 나로 인하여 믿게 될 미래의 성도들에게 가장 크게 강조하고 싶은 것은 무엇인가?

## 102. 하나 됨의 목적

**예수님의 마지막 기도는 서로 사랑하며 하나가 되는 일이다. 그래서 사탄은 나누기 위해 죽을 힘을 쓴다.**

> (요 17:21) "아버지여, 아버지께서 내 안에, 내가 아버지 안에 있는 것 같이 그들도 다 하나가 되어 우리 안에 있게 하사 세상으로 아버지께서 나를 보내신 것을 믿게 하옵소서"

이 말씀은 예수님께서 겟세마네 동산에서 하나님께 기도드린 주요내용이다. 하나 되어야 하는 목적은 사람들로 하여금 예수님을 믿게 하기 위함이다. 지금 우리에게 필요한 것은 기독교 전체가 하나 되는 일이다. 특별히 지역교회들 간의 하나 됨은 예수님의 유언을 지키는 일과 같다. 기독교의 부흥을 위해서는 지역교회들끼리 하나 되는 운동이 일어나야 한다.

그런데 지금 한국교회는 어떤가? 크게 두 쪽으로 쫙 갈라져 있다. 비복음적인 세력이 있다면 당연히 갈라져야 한다. 하지만 복음 안에서는 갈라질 수 없어야 한다. 이것이 사탄의 전략이라는 것을 똑똑하고 신실한 종들이 왜 모르는가? 큰 교회일수록 이런 의식이 사라져간다. 작은 교회를 이해하지 못하고는 제대로 사랑할 수 없다.

## 묵상과 적용

1. 믿음의 목적은 물론 나의 구원이지만, 믿음 안에 들어오면 이웃의 구원이 목적이다. 나의 신앙의 주된 목적은 무엇인가?

2. 교회가 하나 되어야 하는 목적도 영혼구원에 있다. 동네교회가 연합하여 함께 전도하지 못하는 이유는 무엇인가?

3. 넓게는 모든 신앙인은 하나님의 같은 자녀들이다. 동네에서 성도들이 교회를 옮기는 것 때문에 감정이 상한 적이 있었는가?

4. 하나 됨의 정도는 예수님과 하나님이 서로 안에 거하시는 것과 같은 수준이다. 이런 하나 됨을 상상할 수 있었는가?

5. 교회가 서로 경쟁하고 갈라서는 것은 사탄의 전략이다. 사탄에게 승리하기 위해 나는 무엇을 해야 하겠는가?

## 103. 사랑의 통로

**하나님 축복의 통로가 아니라 하나님 사랑의 통로가 되어야 한다. 외적인 축복은 사라질 수 있기 때문이다.**

(요 17:23) "곧 내가 그들 안에 있고 아버지께서 내 안에 계시어 그들로 온전함을 이루어 하나가 되게 하려 함은 아버지께서 나를 보내신 것과 또 나를 사랑하심 같이 그들도 사랑하신 것을 세상으로 알게 하려 함이로소이다"

제자들이나 이 땅의 그리스도인들이 하나가 되어야 하는 본질적인 이유는 우리가 하나 됨으로써 그리스도를 하나님께서 보내신 것과 예수님을 사랑하신 것과 같이 성도를 사랑하신다는 사실을 세상 사람들에게 밝히 보여주기 때문이다. 축복의 통로가 아니라 예수님 마음의 통로가 되어야 한다.

물론 사람들은 그런 것보다는 축복을 더 원할 것이다. 그러나 사람들이 그런 이야기를 듣기를 원하는 것이 아니라 그리스도인 자신들이 그런 복을 받기를 원하는 것이다. 받은 복을 몽땅 나누어주려면 축복의 통로가 되어도 좋다. 그것은 자기를 온전하게 버리는 일이기 때문이다.

## 묵상과 적용

1. 나의 삶을 통하여 사람들이 하나님의 사랑을 깨달아야 한다. 나는 얼마나 이런 삶을 살려고 노력하는가?

2. 내가 성공함으로써 사람들이 하나님의 사랑을 느낄 수 있을까? 다른 종교도 똑같이 성공을 약속하고 있다.

3. 왜 많은 성도들이 성공하고 복 받기 위해 교회에 다닌다고 생각하게 되었겠는가? 무엇이 가장 큰 문제인가?

4. 기독교인의 성공은 하나님의 사랑을 증명해 보이는 것이어야 한다. 나는 얼마나 좋은 하나님 사랑의 통로인가?

5. 하나님 사랑의 통로가 되지 못한다면 성도로서의 인생은 실패하는 것이다. 나는 신앙인으로서 성공하는 삶을 살고 있는가?

# 104. 예수님의 가족

**예수님의 가족이란 우리와 만나는 다른 사람들을 예수님의 가족으로 인식하는 것을 뜻한다.**

(요 19:27) "또 그 제자에게 이르시되 보라 네 어머니라 하신대 그 때부터 그 제자가 자기 집에 모시니라"

예수님의 어머니를 자기 어머니로 모셨다. 우리는 우리가 만나는 사람들을 예수님의 형제로 인식하고 있어야 한다. 보통 사람들은 대개 어머니를 모시고 살았거나 앞으로 어머니를 모시고 살게 될 것이다. 어머니를 왜 모실까? 말할 것도 없이 어머니이기 때문이다. 가족이기 때문이다.

성도는 다른 성도를 마치 가족처럼 생각할 수 있어야 한다. 수십 수백 명을 가족으로 삼으라는 말이 아니라 한 사람 한 사람 교제할 때 마치 가족을 대하는 마음으로 사랑할 수 있어야 한다는 말이다. 그것이 작은 이웃사랑이다. 예수님은 하나님의 뜻대로 하는 사람들은 모두가 한 가족이라고 말씀하셨다(마 12:49-50). 신앙 안에서는 모두가 어머니요 아버지요 형제요 자매이다.

## 묵상과 적용

1. 우선은 교회 안에서 형제들을 도와야 한다. 나는 얼마나 교회 성도들을 위해 애를 쓰는가?

2. 진짜 내 가족이 있지만, 예수님의 가족은 예수님의 사랑으로 사랑해야 한다. 형제를 돌볼 때 어떤 마음으로 행하는가?

3. 예수님의 동생들도 분명히 있는데 왜 요한에게 어머니를 부탁하셨을까? 내게는 믿음 안에서 돌보아야 할 사람이 있는가?

4. 믿음 안의 형제들을 보면 예수님께서 나에게 맡겨주신 영혼이라는 생각을 하게 되는가?

5. 믿음의 형제들은 서로 돌봄을 통하여 앞으로 동역자로서의 역할을 감당해야 한다. 성도들을 동역자로 보고 있는가?

## 105. 신앙을 드러내라.

**좋은 신앙과 훌륭한 인격은 전혀 다른 이야기이다. 대략적 구원이란 없다. 정확하게 알고 믿지 않으면 천국에 갈 수 없다.**

(요 19:38-39) "아리마대 사람 요셉은 예수의 제자이나 유대인이 두려워 그것을 숨기더니 이 일 후에 빌라도에게 예수의 시체를 가져가기를 구하매 빌라도가 허락하는지라 이에 가서 예수의 시체를 가져가니라 일찍이 예수께 밤에 찾아왔던 니고데모도 몰약과 침향 섞은 것을 백 리트라쯤 가지고 온지라"

아리마대 요셉과 니고데모는 예수님을 믿었는데 예수님이 십자가에 못 박혀 돌아가신 후에야 나타나 그 예를 다하고 있다. 다른 제자들이 다 도망갔는데 이들이 그 예를 다한 것은 칭찬할 만한 행동이지만, 다른 측면에서는 손해 안 보고 예수 믿으려고 하면 그는 예수님의 참 제자가 될 수 없다고도 할 수 있겠다.

이들의 행위를 비판하는 것이 아니라 참된 믿음이 세상에서 어떻게 나타나야 하는가를 이야기하는 것이다. 우리들의 복음은 숨길 것이 아니라 드러내놓고 자랑해야 하는 것이다. 왜냐하면 그렇게 하지 않으면 하나님께서 영광을 받으실 수 없기 때문이다.

## 묵상과 적용

1. 나는 나의 신앙을 숨기는 편인가, 드러내는 편인가?

2. 숨기는 편이라면 그 이유는 무엇인가? 솔직하게 이야기해보라.

3. 신앙을 드러내는 편이라면 얼마나 적극적으로 복음을 보여주고 있는가?

4. 신앙은 분명해야 한다. 왜 보통의 신앙인들은 분명한 신앙을 보여주지 못하겠는가?

5. 신앙을 드러내는 것은 말로써만이 아니라 삶을 통하여 보여주는 것이다. 나는 삶으로 복음을 보여주려고 하는가?

# 106. 예수님의 형제들

**하나님의 자녀, 예수님의 형제는 서로 닮아야 한다. 억지로 닮는 것이 아니라 저절로 닮게 된다.**

(요 20:17) "예수께서 이르시되 나를 붙들지 말라 내가 아직 아버지께로 올라가지 아니하였노라 너는 내 형제들에게 가서 이르되 내가 내 아버지 곧 너희 아버지, 내 하나님 곧 너희 하나님께로 올라간다 하라 하시니"

예수님은 막달라 마리아에게 말씀하시면서 주님의 제자들을 호칭할 때 '내 형제'라는 말을 사용하셨다. 예수님의 형제 되는 우리들이 예수님의 뜻을 밝히 깨달아 예수님의 형제다운 본을 보여야 한다. 기독교신앙이 힘들 것 같아도 그것이 자연스럽게 자리 잡을 때 충분히 예수님의 형제로서의 삶을 영위하게 될 것이다.

예수님의 형제라는 사실을 잊어버리면 세상 사람의 형제처럼 살 수밖에 없게 된다. 그것은 다른 말로 하면 사탄의 형제라는 말이다. 무섭다. 그러나 굳이 사탄의 형제를 피해서 도망 다닐 필요는 없다. 예수님의 형제가 되면 사탄은 도망간다.

## 묵상과 적용

1. 모든 동물들은 고유의 행동양식을 가진다. 나는 기독교인으로서의 행동양식에 얼마나 가까운가?

2. 어떤 면에서는 다른 종교인들의 신앙양식과 동일해 보이는 부분도 있다. 나는 얼마나 일반 종교인의 모습과 닮아있나?

3. 기독교와 다른 종교의 차별성은 어디에서 찾을 수 있는가? 나는 그 차별성을 의식하면서 살고 있는가?

4. 예수님의 형제들의 특징은 하나님의 나라를 위해 인내한다는 것이다. 나는 하나님을 위하여 얼마나 인내하고 있는가?

5. 예수님께서 부활하신 것처럼 예수님의 형제들인 우리도 언제인가는 부활할 것이다. 부활신앙을 가지고 있는가?

## 107. 용서의 강력한 힘

**용서의 힘이 얼마나 강한지 우리가 다른 사람을 용서하면 하나님도 그 사람을 용서하신다.**

> (요 20:22-23) "이 말씀을 하시고 그들을 향하사 숨을 내쉬며 이르시되 성령을 받으라 너희가 누구의 죄든지 사하면 사하여질 것이요 누구의 죄든지 그대로 두면 그대로 있으리라 하시니라"

성령을 받으면 사람의 죄를 용서할 수 있다. 우리가 용서하면 하늘에서도 용서하신다. 참으로 엄청나게 큰 책임감이다. 사람은 사람을 용서하기가 가장 어려운 존재가 아닌가? 가능하면 용서를 많이 하자! 나의 용서가 힘을 발하는 것을 모른다면 남을 용서하기가 힘들 것이다. 단지 우리의 용서만이 하나님을 움직이는 것이다.

최근에 이 용서의 빛이 거의 사라져가는 것 같아 안타깝다. 용서는 모든 율법의 완성과 같은 것인데, 진정한 용서는 가장 큰 능력인데, 그리고 용서는 모든 허물을 덮고 돌이키게 할 수 있는 좋은 수단인데, 용서하기보다는 허물을 크게 들추어내는 일밖에 보이지 않는다. 그것이 정의인 것 같지만 용서하지 못하는 그 사람을 불의로 보신다. 예수님의 모든 말씀이 이것을 뒷받침하고 있다.

## 묵상과 적용

1. 나에게 잘못한 사람이 있다면 얼마나 자주 용서하고 있는가?

2. 그러나 용서는 나의 힘으로 하는 것이 아니라 예수님의 용서로 하는 것이다. 내 힘으로 용서하면 잘 되는가?

3. 그리스도의 용서로 용서할 수 있기 위해서 성령님의 힘을 의존하는 것이다. 나는 성령님께 의지하여 용서하고 있는가?

4. 예수님은 우리 죄를 사하기 위해서 십자가를 지셨다. 다른 사람의 죄를 용서하기 위해 지고 있는 십자가가 있는가?

5. 하지만 용서의 효력은 예수님의 부활과 함께 나타난다. 나는 사탄의 권세를 이기신 예수님의 부활을 의지하여 용서하는가?